Yvan Buonomo

A la recherche du Rugby perdu...

A la recherche du Rugby perdu...

Sur la photo de couverture (droits réservés), on voit Yvan Buonomo partir au ras de la mêlée au Stadium de Toulouse en 1980 pendant les huitièmes de finale contre Narbonne (Champion de France en 1979) sous l'oeil avisé de son partenaire Pierre Lacans

Yvan Buonomo

A la recherche du Rugby perdu...

Récit

Yvan BUONOMO

Edition Mouette

N°ISBN : 978-2-917250-89-1

A la recherche du Rugby perdu...

Crédit photos sportives : Jean Cans (Photophox Béziers)

Autre photo : Cécilia Lasne.

Maquette première de couverture : CaL Design

Mise en pages : PLC

Préface

« La vie sépare ceux qui s'aiment... » dit la chanson de Prévert et Kosma. *Je rajouterai qu'il arrive aussi qu'elle les réunisse...*
Je pense évidemment à mon ami de petite enfance avec lequel j'allais piquer des pommes dans un verger de Planacan, très petit village près de La Salvetat (34), où nous étions en colonie de vacances...
Je pense aussi à nos genoux usés sur les bancs de la chapelle de l'école Saint-Joseph à Sète...
Je pense à nos fous-rires d'adolescents en classe et à nos innombrables heures de colle...
Je pense au colosse auprès duquel mon rachitisme et mes un mètre cinquante cinq se sentaient en sécurité...
Je pense à sa première disparition... et surtout à nos premières retrouvailles au Palais des Congrès de Béziers où mon orchestre assurait la partie musicale de la célébration d'un énième Bouclier de Brennus de l'A.S.B...
Je pense à ma stupéfaction admirative en l'entendant déclamer ses Alexandrins à l'occasion d'une conférence qu'il animait sur le Rugby...
Je pense au manuscrit qu'il m'a proposé et à ma première réaction : « C'est du Proust que tu nous fais là ! » ...
Je pense à l'ami de toute une vie dont la principale qualité est aussi à mes yeux son principal défaut : Une humilité maladive...
Je pense aux incroyables révélations, sans langue de bois, qu'il m'a demandé de publier...
Je pense à celui dont Raoul Barrière disait : « C'est sans doute mon joueur le plus précieux »...
Je pense à l'auteur de ce livre et à notre amitié fraternelle...

Pierre Lasne

A la recherche du Rugby perdu...

l'A.S.Béziers avait-elle un jeu différent des autres équipes ?

Photo : Jean Cans (Photofox - Béziers)

Saison 70/71

Debout de Gauche à droite :
Pesteil, Lubrano, Hortolandd, Vaquerin, Saisset, Buonomo, Senal, Estève
Accroupis:
Lavagne, Navarro, Cantoni, Mas, Astre, Cabrol, Sarda, Seguier

Yvan Buonomo

Avant-propos

Chers lecteurs,

Je voulais, selon la coutume, faire préfacer ce livre que j'ai terminé d'écrire le 28 février 2019 par Raoul Barrière. Malheureusement comme nous l'avons appris avec une grande et profonde émotion il décéda quelques jours plus tard le 8 mars...
Il est parti sans connaître ce secret concret et divin que ma recherche du Rugby perdu m'a permis de découvrir et qui reflète le génie de la création de son jeu.
Mais je pense que par sa grande intuition et sa permanente recherche, il s'en était douté, peut-être, sans en définir la raison.

L'A.S.Béziers a été une grande équipe, un grand merci à tous mes coéquipiers, entraîneurs, présidents, qui ont permis une telle réussite, avec une très émouvante pensée pour un fidèle personnage qui nous a accompagnés dans l'ombre depuis les années cinquante, jusqu'à la fin des années quatre-vingt, notre fidèle manager, lui aussi décédé, Gaston VIDAL... dit BITOU. C'était l'homme à tout faire de l'équipe, de l'entretien du matériel, jusqu'aux massages d'avant matchs, et sur le

terrain il faisait des miracles avec son éponge magique. Il nous a traités comme si nous étions ses enfants, et si nous avons appris le "Patois" c'est grâce à ses chansons qu'il entamait dès qu'il voyait, à nos retours de matchs, les lumières de la citadelle...
Aqui ès Bésiérs ! résonne encore dans nos têtes...
Merci Gaston.

Je n'ai pas fait ce livre pour en tirer un quelconque profit, ni un brin de gloire, je l'ai tout simplement rédigé pour laisser une trace écrite de mon vécu à l'intérieur de l'équipe, pendant toute cette période tant sur le plan humain, sportif, que technique, afin que notre jeu spécifique qui serait encore plus performant actuellement, ne soit pas complètement perdu pour toujours et puisse renaître, peut-être, dans un avenir proche grâce à tout ce savoir encore disponible qui ramènerait de belles victoires et de nouveaux titres au club.

Tous mes droits d'auteur de ce livre, seront remis au centime d'euro près, à la ligue pour la lutte contre le cancer, à celui qui fut notre plus fidèle supporter : Le Professeur H. PUJOL.

Trop de nos coéquipiers ont disparu à cause de cette affreuse maladie, c'est le minimum que je me devais de faire, en pensant encore et toujours à eux.

Bonne lecture

Y.B

1

Du Football au Rugby

Pour être sincèrement honnête, quand, avec André LUBRANO, un jeudi de septembre 1963, nous partîmes de Sète avec pour bagages nos sacs de sport contenant un short de football, un survêtement en coton, des chaussures aux crampons en cuir cloués, qui parfois nous faisaient sentir sous nos pieds leurs pointes, en nous déchirant les chaussettes, et que nous arrivâmes à l'A.S.Béziers, comme un cheveu sur la soupe pour notre premier entraînement, nous ne connaissions absolument rien au Rugby !... ou presque rien !

Je dois vous faire un aveu, j'avais une très courte longueur d'avance sur Dédé, pour avoir déjà pratiqué ce sport en cadet, la saison précédente, avec l'Association Sportive Municipale de ma ville, la dernière année de ma scolarité.

Mon père n'avait jamais voulu m'accompagner pour signer ma licence de football au F.C.SETE. Alors ! Par chagrin d'amour pour ce sport au ballon bien rond que j'adorais, et que je ne pouvais pas fréquenter légalement, et par dépit, je suis allé jouer au Rugby. Jouer est un bien grand mot, disons que j'en avais appris le règlement, le nom des postes, et j'essayais de faire ce que l'on me demandait, en suivant le mouvement de mes chevronnés amis qui m'avaient embarqué dans cette aventure, séduits sans doute par ma stature physique jugée imposante pour mon âge.

Je me souviendrai toujours de mon premier match, et surtout de mon premier ballon que je tenais dans mes bras : je n'ose avouer la chose que maintenant!...

Un adversaire fonça sur moi, il paraît qu'il avait s*oi-disant* notre âge : quinze ans.

Mais il y avait une différence importante entre lui et tous les autres, c'était son système pileux très développé, il arborait une barbe énorme. Je crus que c'était un bûcheron Canadien qui allait me tomber comme un arbre !... Barbu à quinze ans ?... Et vu le personnage, je pouvais avoir un doute.

Je ne sais pas si c'est par frayeur, surprise ou gentillesse, mais en tout cas c'est par ignorance et spontanéité que je lui ai donné carrément le ballon ! Oui ! J'ai lancé le ballon devant moi dans ses bras !... Le plus surpris ce fut lui, il s'attendait à tout, sauf à ça. Heureusement ! Il fit un en avant !... A mon tour, je fus encore plus surpris quand l'entraîneur, les mains sur la tête, me passa une belle engueulade du bord du terrain.

Tout commençait dans mon nouveau sport **Parfaitement très mal**. Si les parieurs sur les futurs prodiges avaient vu cette première minute de ma carrière, ils n'auraient pas misé un seul kopeck sur mon avenir sportif en Rugby.

Premier match, première balle, première grosse bêtise, première engueulade, première déception, ce dimanche-là j'avais touché le quinté dans l'ordre. En conclusion je ne connaissais rien ou presque rien au Rugby, à part qu'il ne fallait pas donner le ballon à l'adversaire, même si c'était un gentil garçon.

Mon avance sur Dédé était vraiment très, très courte, plus courte que la « Pointe » où il habitait, ce quartier de Sète au bord de l'étang de Thau.

Sète est une ville merveilleuse et singulière ; avec Dédé nous y sommes nés par le plus grand des hasards, ou par la meilleure des coïncidences de notre vie et de notre histoire sportive, le même jour, et la même année, le 19/09/1946. **C'était en plus ce jour-là, le centenaire de la fête chrétienne du grand 19 à Saint-Clair,** dont la chapelle s'appelle « Notre Dame de la Salette » comme celle de l'Isère où deux enfants bergers, Maximin et Mélanie, cent ans plus tôt virent, en gardant leurs moutons, apparaître la Vierge. Ce lieu de culte est très important dans la vie de très nombreux Sétois, et il a peut-être contribué à notre réussite sportive ? (on verra plus tard...)

Mais quoi de plus normal dans notre ville, appelée dans son temps la Mecque du football, que de jouer dès sa naissance avec un ballon rond, bien plus obéissant que l'ovoïde incontrôlable.

Le mythique F.C.SETE fut le père fondateur du football professionnel en France en 1932. Cette équipe aux maillots rayés verts et blancs, fut également la première de l'hexagone à faire en 1934 le doublé historique dont rêvent toujours tous les clubs de la ligue, gagner la Coupe et le Championnat de France la même année.

Ce doublé, Dédé LUBRANO, André BUONOMO mon frère, et moi, nous les trois Sétois, nous le ferons aussi dix ans plus tard en 1972 avec Béziers, en gagnant le challenge Du Manoir - l'équivalent de la coupe de France - et le Championnat, le fameux Brennus. Cela 38 ans après les exploits du F.C.Sète !... Mais en Rugby. Cette année 1972 on se payera même un quarté, avec le Bouclier d'automne et le challenge Jules Cadenas.

Le Football était ma passion. J'y jouais constamment avec mon frère et les copains du Quartier-haut et de la Placette. Dédé y jouait également, mais lui était licencié au club de la Pointe-Courte, ce quartier de pêcheurs, lieu cher à Agnès VARDA, qui fit tourner son premier film à Philippe NOIRET, et dont le titre est tout simplement "La Pointe Courte"

Nous, les trois Sétois amateurs de football, qui sans aucun remord, et surtout sans trop savoir pourquoi, un jour, nous avons trahi notre Île singulière. Mais à Sète nous sommes des gens tellement singuliers, et là en est la preuve, que nous pouvons aussi faire le bonheur de notre ville voisine.

A Sète, le terrain de Rugby où j'ai évolué, était un ancien terrain militaire situé sur une lande de terre à côté de l'étang. Il était aussi bien tendrement engazonné et moelleux que les roches blanches - grises et saillantes de la colline du Mont Saint-Clair, dont un de ses flancs s'appelle les Pierres Blanches. Celui de la Pointe-Courte où Dédé pratiquait son football, n'était pas dans un meilleur état, mais dans ce sport, à part le goal, qui s'équipe en conséquence, on n'a pas trop l'occasion de tomber violemment sur le sol.

Quelle ne fut pas notre surprise et notre joie de rencontrer avec notre nouvelle passion, des pelouses souples, vertes et fraîches sur les terrains où nous pratiquions le Rugby ! Nous n'avions aucune crainte, de plaquer, d'y tomber, d'y plonger et d'y rouler ; elles étaient en quelque sorte les plages en herbes de nos hivers, un paradis à coté de l'enfer que nous connaissions. Nous nous y habituâmes très vite.

Mon frère André, ayant quatre ans de moins que nous, était trop jeune pour nous suivre à Béziers quand on débuta l'aventure. Il nous rejoindra plus tard.

Donc, avec Dédé LUBRANO de la Pointe-Courte, pendant deux ans, nous n'étions que tous les deux à prendre le train tous les Jeudis à 12h35 pour aller nous entraîner à Béziers.

Nous étions techniquement des novices dans ce sport, mais nous avions déjà de très beaux gabarits. A nos âges, nos physiques furent tout de suite remarqués par les dirigeants et les entraîneurs des juniors. Dédé mesurait 1,82 mètres et pesait 108 kilos et moi 1,91 mètres et 102 kilos. Aucun des joueurs de l'équipe première de l'époque, avec déjà leurs quatre finales du bouclier de Brennus, dont un titre de Champion de France, et une coupe d'Europe, n'avaient, aux postes que nous occupions, ni nos mensurations, ni nos poids. De plus nous n'étions pas maladroits, et on courait vite.

Par sa musculature Dédé faisait une bonne tête de gondole, on le mit en première ligne, pilier si je puis dire. Quant à moi, j'avais une bonne détente verticale sans prendre d'élan, on me fit jouer à l'époque deuxième ligne, et en touche courte, c'est à dire en deuxième position dans l'alignement. Nous fûmes deux éléments non négligeables pour un club où beaucoup de joueurs arrivaient en fin de carrière. Mon frère André viendra en junior deux ans plus tard. Il avait également un beau gabarit 1,88 mètres pour 92 kilos. Il jouera à partir de la saison 1969/1970 en équipe première

Si j'évoque nos débuts à Béziers, nos transports et nos physiques, c'est parce que dans cette Micheline très inconfortable de 12h35 que nous prenions tous les jeudis dans cette gare de Sète souvent balayée par un fort mistral, il y avait un voyageur particulier : un monsieur aux cheveux grisonnants, blazer bleu marine, cravaté, décontracté et souriant qui venait de Montpellier. Il était déjà bien installé quand nous y montions. Bien qu'il ne fût ni hautain, ni distant, ni inabordable, nous lui disions poliment un petit bonjour, auquel il répondait par correction. Mais il nous fallut quelques allers retours avant que nous conversions.

Si nous, nous le connaissions, lui, il ne nous avait pas remarqués, tout au moins en tant que sportifs, et de surcroît comme joueurs de Rugby, et en plus à Béziers... Il pensait tout simplement que nous étions des étudiants qui se rendaient dans un lycée.

Un jour il nous adressa la parole d'une façon très agréable :

« *Je ne savais pas que vous étiez joueurs de l'A.S.B.* » Sous entendant vous n'avez pas le gabarit de juniors-B. Et nous commençâmes à discuter. Comme nous étions assez impressionnés, c'est lui qui nous posa des questions, sur un tas de trucs, notre travail, notre vie, nos métiers, le Rugby, et sur ce que nous apprenions et faisions avec notre entraîneur Félix LACRAMPE, ancien troisième ligne aile de la grande Equipe de Lourdes. Avec ce Monsieur du train, tout était simple, clair, décontracté, humain, c'était une personne intéressante que l'on n'avait pas envie de quitter, mais, hélas ! le trajet passait vite, trop vite à notre goût.

Au cours de ces voyages, il nous racontait tout un tas d'anecdotes toujours plaisantes, il parlait des surnoms que la presse lui avait donné : "Raymond La Science" et "Le Sorcier"[1]. Et quand il était joueur c'était « La gazelle noire » vu sa rapidité (10,4" aux 100 mètres). Une autre fois, il nous avoua qu'il aimait très bien manger, et lorsqu'il était joueur, il ne se privait pas d'un bon repas, mais de lui-même il allait éliminer les surplus de lipides, en faisant de monstrueux footings. D'autres fois, il nous racontait, sourire aux lèvres, des anecdotes sur les joueurs de l'équipe première. Je me souviens encore de celle-ci :

« *Nous allons jouer un match à Limoges. Un pilier qui d'ordinaire était remplaçant, je le mis ce jour-là dans l'équipe. D'une force surnaturelle, il faisait un très gros match, et après des touches qui était finies, et le jeu repartant,*

---

[1] Surnom qui sera également donné à Raoul Barrière

il restait encore planté sans bouger pour se laisser photographier par les reporters postés sur le bord du terrain. Je dus l'engueuler à plusieurs reprises pour qu'il rejoigne ses coéquipiers. A la fin de la partie on apprit qu'il avait été abordé par les dirigeants Limougeauds. Dans le train du retour, les autres joueurs, on ne peut plus avisés et coquins, le prirent en aparté pour lui faire comprendre que l'entraîneur lui avait fait confiance, et que pour le remercier il était en train de le trahir. Ils lui demandèrent d'aller s'excuser. Ils l'amenèrent dans mon compartiment en me mettant au courant de la chose, et moi, rentrant dans le jeu, je lui demande si c'est vrai qu'il va quitter Béziers pour jouer à Limoges, parce qu'on lui aurait proposé, pour qu'il signe, de lui donner LA GARE DE LIMOGES EN GERANCE. Et le pauvre bougre qui d'ailleurs n'était ni pauvre, ni bougre, et même très filou dans son boulot, me jurait sur ses grands dieux :

" Non, Monsieur ! Ce n'est pas vrai. Oui ! Ils veulent me prendre à Limoges ! Ça c'est vrai ! Mais je vous jure, ils ne me donnent pas la gare en Gérance... C'est pas vrai ils ne me la donneront pas la gare en gérance... Je veux rester à Béziers, je ne la veux pas la gare de Limoges !... "

En racontant cette histoire il riait comme un gamin. Et d'ailleurs nous aussi !...

Ce Monsieur plein d'humour, au savoir rugbystique immense, les amateurs de Rugby ont bien sûr deviné qu'il s'agissait de Raymond BARTHÈS, professeur au C.R.E.P.S de Montpellier. Il apporta une nouvelle façon de jouer au Rugby à Béziers. Un jeu, qui après son départ en 1965, même avec des règles perpétuellement changées, un physique plus puissant des joueurs, et une technicité plus affinée, restera le socle et la référence fondamentale pour la période faste de Béziers acte 2. Celle qui recommencera à partir de 1970 avec Raoul BARRIERE.

Raymond BARTHÈS a eu en qualité d'entraîneur, un palmarès éloquent. Quatre finales, dont une apporta le premier titre suprême de Champion de France en 1961, le premier BRENNUS de L'A.S.Béziers, trois finales de Du Manoir dont une victoire en 1964, un titre de championnat d'Europe en 1962, le challenge Antoine BEGUERRE, et aussi l'invincibilité de l'équipe sur toute la saison 1961. L'A.S.B est également restée invaincue à Sauclières pendant 11 ans. Oui ! Onze ans, de 1958 à 1969, un record inégalé ! Mais il le fut à nouveau, encore par Béziers, de ce jour de février 1969 jusqu'à 1982, soit onze ans et neuf mois de plus. Une seule défaite à Sauclières en 22 ans de championnat, et c'est le seul match que j'ai perdu sur ce stade pendant toute ma carrière à Béziers.

Ainsi pendant trois ans, de 1963 à 1965, à tous nos allers-retours par train, on se réservait mutuellement des places assises, et nous conversions d'un tas de choses, d'anecdotes, du jeu, des matchs du dimanche ; il avait toujours quelque chose à évoquer, il m'en reste quelques bons souvenirs. Notamment celui du jour où il me félicita pour ma sélection en Equipe de France Junior, et j'en fus très fier. C'est un événement qui laisse une première marque dans une carrière sportive, mais on le réalise avec beaucoup d'autres moments de ce style, bien trop tard !... Quand les projecteurs des stades vont s'éteindre !

Dans ces trajets du jeudi, Dédé LUBRANO apportait parfois un gros sac bien serré rempli des moules de sa pêche, et au retour de l'entraînement, dans le train, avec Raymond qui en était très friand, nous dégustions ces mollusques plutôt gloutonnement ; et comme l'on dit à Sète, à la bonne franquette. Nous essayions de le faire discrètement, cachés entre les banquettes, mais André en faisait profiter quelques amateurs curieux qui plongeaient leur regard affamé sur nous.

Après la finale Béziers – Pau, malheureusement perdue au mois de mai 1964, à la reprise du championnat, Raymond BARTHÈS, m'envoya chercher en plein entraînement des juniors A, avec Raoul, pour aller m'entraîner avec l'équipe première, et jouer avec elle le dimanche suivant. J'avais à peine une année de Rugby à Béziers. Je fis mes premières passes en première division à l'âge de 18 ans et quelques jours, le 4 octobre 1964. Ce match, en chalenge Du manoir se passa à Grenoble et on le gagna 15 à 3. Débuter sa carrière dans une équipe d'un tel niveau - vice championne de France la saison précédente - par une belle victoire, et à l'extérieur, après une seule année de junior, fait également partie des inoubliables souvenirs.

J'y pense encore chaque fois que je traverse Grenoble.

Pour moi tout se passe très vite. En Junior B Champion du Languedoc (saison 63-64) avec Béziers, et sélectionné dans l'équipe régionale du Languedoc, pour la première fois depuis sa création, nous remportons un titre national celui de la Coupe de l'Avenir. Passé dans la catégorie au-dessus Junior-A, je suis sélectionné en équipe de France contre l'Italie et le Pays de Galles. De quoi se pincer pour être sûr qu'il ne s'agit pas d'un rêve... Non ! Non ! Tant mieux tout était bien réel...

A 18 ans on n'était pas encore majeur, il fallut que j'attende trois ans de plus pour le devenir. Alors ! De peur d'un nouveau refus de la part de mon père, lui ayant raconté qu'à Sète le Rugby se passait dans le cadre scolaire, donc pas de licence à signer, je m'étais permis de le faire à sa place. Je fis la même chose dès mon arrivée à Béziers quand on me confia la nouvelle licence de ce club pour la faire valider... Même s'il y a prescription : chut !... Car la Fédération pourrait faire annuler, cinquante cinq ans après, ces matchs-là ! Je suis sûr qu'ils n'oseront pas !

Je ne saurais situer dans le temps ces propos que Raymond BARTHÈS nous a confiés pendant un de nos trajets, et nous n'avions pas compris, à ce moment-là, le pourquoi de ce petit secret. Nous ne l'avions pas vu dans le train de l'aller ce jeudi-là, mais il était bien présent à l'entraînement. Le soir au retour, il nous dit qu'il était parti plus tôt parce qu'il avait eu une réunion en fin de matinée, sans nous préciser avec qui et pourquoi. Puis quelques instants plus tard, il nous parla avec un air triste et déçu : *«Tous ces bons résultats, de l'équipe première, ils ne peuvent pas tout de même dire que c'est une fatalité. Il y a du travail, de la préparation, de la connaissance derrière tout ça pour y arriver. Ce n'est pas du tout une question de chance ! C'est pas facile, ils ne le comprennent pas ! »*

Il ne nous a pas dit qui étaient les "ILS", et nous ne le saurons jamais. J'ai supposé plus tard quand on apprit son départ à la fin de la saison 1965 qu'il s'agissait des dirigeants, qui, fiers de toutes ces finales, se sentaient peut-être frustrés par celles qui furent perdues. Ses résultats leur paraissaient peut-être insuffisants.

J'ai pensé que les accapareurs de Gloire n'aimaient pas les demi-mesures, comme d'ailleurs les industriels investisseurs et les sponsors intéressés. Ou peut-être que Raymond était devenu trop gourmand dans ses frais de déplacement ?

Dans le livre du centenaire de l'A.S.B, on a consacré à Raymond BARTHÈS à peine quelques sommaires lignes et une simple photo noir et blanc non légendée sur le terrain au milieu de quelques joueurs. Par contre ne manquent pas des pages et des pages entières avec des posters en quadrichromie à la gloire de dirigeants qui ont amené le club vers le bas, ainsi que des photos et des commentaires élogieux sur des joueurs qui le firent descendre en divisions inférieures. Cela aurait été la moindre des choses d'en faire au moins autant pour ce grand Monsieur sans qui l'A.S.B n'aurait pas eu certainement autant de gloire ! Malgré le gros travail que ce « beau livre » a dû donner à ses créateurs, je ne l'ai pas du tout apprécié. Après l'avoir acheté, je l'ai donné à un ami.

Je tenais à le faire savoir, c'est maintenant dit. Je me suis permis de commémorer à ma façon dans ce modeste livre, Monsieur Raymond BARTHÈS, avec mes simples mots, même si je l'ai en définitive très peu connu. Me voilà soulagé et fier de l'avoir fait. Cela n'enlève rien au talent et à la valeur des autres entraîneurs qui lui succédèrent et notamment Pierre DANOS dont j'ai apprécié le travail et Raoul BARRIERE qui en prenant en main une équipe très jeune, lui fit gagner tout, et tout plusieurs fois.

Après la saison 1964-1965, Raymond BARTHÈS sera remplacé par Pierre DANOS, talentueux demi de mêlée, surnommé "Le Prince". Il avait été le capitaine pendant cette première période faste de Béziers qui avait remporté son premier titre en 1961.

Comme joueur il était majestueux, beaucoup de prestance, et de l'élégance dans sa gestuelle avec la balle en main, il possédait une vision extraordinaire du jeu. En résumé, en plus d'être efficace il était superbe à voir jouer sur un terrain.

*

A la recherche du Rugby perdu...

Photo : Jean Cans (Photofox - Béziers)

Saison 66/67

Debout de gauche à droite :
Danos, Bolzan, Hortoland, Lubrano, Ramada, Salas, Roques, Buonomo, Senal

Accroupis :
Sarda, Fratengelle, Bousquet, Dedieu, Serin, Bernatas, Tricoit

2

Trente huit ans plus tard

Trente-huit ans après avoir arrêté de jouer, et trente-quatre ans après le dernier titre de Champion de France de l'A S. Béziers, avant que les derniers témoins dont je fais partie, ne puissent plus rien raconter de l'histoire vécue de cette extraordinaire épopée, j'ai décidé qu'il était grand temps pour être en plein accord avec ce que j'appellerai mon devoir de conscience, d'expliquer ce riche passé.

Comme vous avez pu vous en apercevoir, c'est donc sans la langue de bois, mais avec la plus profonde sincérité, et pour diverses raisons, qui touchent ou ont touché cette galaxie Biterroise, que je devais en parler. L'espoir que je mets dans cette écriture, c'est qu'elle permettra peut-être dans un futur proche, de réveiller un rugby en perte d'imagination, et que Béziers remettra dans son actualité les applications de son vrai jeu qui, hélas, a déjà été malheureusement oublié.

Ma première observation fut de constater l'absence de progression du club, qui stagne depuis plusieurs années en ProD2. Avec son passé glorieux, même sans être Champion de France chaque année, le Top 14 serait un niveau de compétition qui conviendrait mieux à sa notoriété et au prestige qu'il avait acquis... Si l'A.S.B.H parvient à y remonter il faudra qu'elle se maintienne durablement, et un niveau technique ayant fait ses preuves pourrait être des plus utiles.

Ensuite je voudrais dire ma déception à ceux qui l'ont dirigée après 1984 et qui ont choisi un entraîneur qui n'était pas du cru, sur je ne sais quels critères, sans s'assurer qu'il pourrait faire appliquer la continuité de notre jeu très spécifique et particulier, alors qu'il ne le connaissait absolument pas. Dans les deux ou trois années qui suivirent la dernière finale, beaucoup de savoir s'est perdu. Et le décès de Pierre LACANS, le 30 septembre 1985 n'a pas arrangé la mise en place d'une nouvelle façon de jouer que les joueurs contestaient déjà.

Même si ces dirigeants ont pensé faire ce choix et cet entraîneur son travail, avec passion, dévouement, raison ou autre, par leur mauvaise analyse, leur ignorance, ils ont ramené le club dans la trame du jeu commun du championnat. Ce manque de vision et de savoir fit chuter la notoriété de l'A.S.B.

Quand Alain PACO, Richard ASTRE, Olivier SAISSET, Jean-Louis MARTIN, ou André BUONOMO, peu importe l'ordre des arrivées, furent à tour de rôle entraîneur à la fin des années 1980, et début 1990, et même si MARTIN fut également Président, il était déjà un peu trop tard pour que le phénix renaisse. Ils sont arrivés à maintenir le club dans le haut niveau, mais il aurait fallu qu'ils aient plus temps pour tout remettre en place, en faisant apprendre et réinstaurer le principe biterrois de jeu, et surtout changer l'état d'esprit qui, lui aussi, paraissait s'être dégradé. En clair éduquer ou rééduquer des joueurs qu'il fallait sédentariser afin qu'ils s'intègrent aux bonnes habitudes et aux meilleures attitudes de ce jeu qui avait fait notre force.

Vous comprendrez plus loin qu'il faut une longue période pour y parvenir, surtout avec des adultes, et quand on arrive à obtenir des bons résultats constants, sans une politique d'intégration pour la survie d'un club, le temps du "Beau temps" est compté.

Après le passage des ces anciens joueurs comme entraîneurs, l'A.S.B est tombée en léthargie rugbystique, en jouant ce rugby commun pratiqué par tous les clubs. Elle est même descendue en fédérale 1. On pourrait poser cette question : Pourquoi avec ce rugby commun pratiqué, les nouveaux entraîneurs en division inférieure, n'ont pas fait avoir au club des résultats probants ?

L'A.S.B dans son plus bas classement obtiendra son seul titre honorifique en élite 2 en 2000 avec une remontée en élite 1 ; puis, tombée en fédérale 1, elle sera championne en 2011 avec une remontée en 2ème division. Un bien triste palmarès, en 35 ans, et dans les divisions inferieures.

Sont-ce des problèmes de choix, de compétence, de vision, de budget, ou d'incompatibilité entre dirigeants, entraîneurs, joueurs, qui ont été la cause de ce cataclysme? Qui un jour pourra l'expliquer clairement et sans faux fuyants ?

Si personne ne le sait, ou n'ose dire le pourquoi de la chute, il est encore temps aujourd'hui, de faire connaître le "Comment" de ce degré que l'on avait atteint en technicité, qui s'améliorait constamment, et devenait au fil des ans un trésor à conserver dans la famille biterroise, comme patrimoine sportif. Cette richesse, nous l'avions acquise durement par un travail permanent en suant sang et eau. Elle fut gaspillée sans le moindre respect pour nous. Elle s'est malheureusement, dans un premier temps, estompée lentement, match après match, pour disparaître un jour complètement.

Ces raisons m'ont poussé à vous expliquer ce qu'était réellement notre jeu, spécial et performant, maintenant oublié. Je vais vous en décrire les grandes lignes techniques et sa philosophie. Un secret ignoré de nous tous apportait un plus à nos combinaisons, je j'explique dans le dernier chapitre, il vous sera peut-être plus compréhensible après avoir lu les chapitres précédents qui démontrent les valeurs intrinsèques de la façon dont nous jouions ainsi que notre état d'esprit.

Notre savoir, s'il était devenu un trésor, il n'était pas enfermé dans un coffre, mais bien enregistré précieusement dans certaines de nos têtes, prêt à être restitué pour faire perdurer l'A.S.B. Il ne pouvait l'être qu'oralement car rien n'avait jamais été écrit.

Personnellement, je n'ai pas envie que ce bijou de famille aux milliers d'éclats se perde, se donne ou se fasse voler ou copier. J'ai envie tout simplement qu'il fasse battre encore le cœur de l'A.S.Béziers et de tous ses supporters.

Ces combinaisons ancrées dans nos têtes, resteront en sommeil sans que jamais l'on nous demande de les mettre à la disposition du club. Pourtant, personne ne les gardait jalousement dans un mutisme volontaire. Mais une forme de suffisance a fait que chacun pensait en arborant sa fonction ou sa place, *je suis ceci ou je joue cela,* à tous les niveaux du club, des plus hauts dirigeants jusqu'aux derniers des remplaçants, qu'en claquant simplement des doigts pour les uns, ou en enfilant un maillot rouge et bleu pour les autres, que tout allait marcher tout seul.

Il n'en fut rien, car tous ceux qui ont pensé cela avaient oublié le principal depuis fort longtemps et ne s'étaient jamais posé la question de savoir ce qu'était réellement ce trésor ? Et comment le faire fructifier ? Au lieu de cela, ils préféraient se contenter d'admirer les résultats passés, gloussant devant les trophées exposés dans les vitrines du siège.

Quelques appellations des pièces du trésor (nos combinaisons), semblèrent s'exposer un certain temps sur le terrain. Au cours des matchs auxquels j'assistais, des tribunes, on voyait, et surtout on sentait, que ces mouvements se faisaient dans l'approximation. Cela n'avait plus aucun rapport avec la véritable justesse des « versions originales », c'était devenu des mauvaises imitations par des joueurs bégayant des mains. A ce jour il ne reste au club plus grand monde ayant la connaissance de la panoplie complète de ces grandes et belles façons techniques de jouer, intégrées dans de pragmatiques combinaisons, avec la gestuelle correspondante.

Un vrai gâchis ! Surtout quand je vois à la télé des équipes de l'hémisphère Sud ou celle des tournois des VI nations (sauf la France bien sûr) commencer à faire des bribes de notre ancien jeu revenu un peu au goût du jour. A la prochaine Coupe du Monde vous reverrez très certainement du Béziers d'antan... Prémonition ?

Je voudrais m'adresser aussi à tous ces malheureux nostalgiques fidèles supporters, qui évoquent les titres du glorieux palmarès déjà lointain, quand leur gorge éraillée par leurs encore, et encore inépuisables encouragements pour ce maillot rouge et bleu, laissent sortir par leurs cordes vocales ces paroles magiques qui atténuent leur douleur, ce cri rageur empreint de tristesse « On a été 11 fois Champion !... On a été 11 fois Champion ! »

Je leur précise que la vérité est encore plus grande, car il y a eu aussi beaucoup d'autres titres, et d'autres records, découlant également de cette technicité mise constamment en pratique par les entraîneurs de ces 25 glorieuses qui permit d'obtenir ces fabuleux résultats. Pour leur fidèle et inaltérable passion, je dois leur dire pourquoi ils avaient connu pendant tout ce temps

A la recherche du Rugby perdu...

le bonheur ! Et pourquoi un jour, avec la plus grande déception, ils en furent privés !

Et que dire également en voyant la F.F.R[2] dont le rêve caché est depuis fort longtemps "d'orienter et de prôner" un Rugby à l'identique pour toutes les équipes du Championnat de France, en prévision, *in fine*, des sélections nationales, et qui malgré un enseignement spécifique de ce sport aux éducateurs, formateurs et entraîneurs, par moult cours et stages dispensés, n'a pas eu de résultats probants avec ce jeu symétrique et robotisé ? Que dire en voyant ces matchs souvent incohérents et nuls ? Les scores sont parlants... Depuis un certain temps, le Rugby international Français ne côtoie plus les hautes sphères mondiales. Et pour cause !

Alors ! Que dire d'autre que : « La F.F.R s'est mise complètement à côté de la plaque ! »

Cette image du jeu à la "Made in F.F.R", identique au Rugby du Top 14, est-elle alors la seule vérité pour parvenir un jour à décrocher un titre mondial ? La prochaine Coupe du Monde nous le dira... Pour le moment, l'équipe de France n'est pas au rendez-vous malgré la valse des entraîneurs. Par contre chapeau aux moins de vingt ans champions du monde, et chapeau aux féminines qui avec une façon bien différente, et surtout avec un bel esprit, ont en plus l'amabilité et la gentillesse, tout en prenant du plaisir, de nous faire régaler. Je crains que maintenant avec leurs nouveaux entraîneurs on essaye de leur faire changer leur façon de jouer. Il faut qu'elles persistent avec leur vrai jeu, altruiste, aéré et néanmoins très collectif.

Je rappelle ou j'apprends à tous ceux qui n'ont pas connu le Grand Béziers, soit parce qu'ils étaient trop jeunes, soit parce qu'ils ont pris son histoire en cours, peut-être à leur grande

---

[2] Fédération Française de Rugby

surprise, que beaucoup de personnages du Rugby Français, et de nombreux commentaires médiatiques, verbaux ou écrits, nous critiquaient violemment et nous dénigraient.

Ils affirmaient sans raison que Béziers était « *Une équipe qui ne pratiquait qu'un jeu de brute, gagnait par la violence, sans jamais ouvrir sur ses lignes arrières les privant de ballon, et en plus trichait !* » Alors ! Si aujourd'hui ils n'ont pas changé d'avis et en sont toujours convaincus, qu'ils lisent sans plus attendre la page 112 du tableau des statistiques rédigée par un historien, et que dans la "Foulée" de cette lecture, ils aillent, illico, balayer leur violence et leurs essais ratés sur la pelouse de leur stade !

Mais il y a toujours une explication à tout. Cette mauvaise image *"du jeu soi-disant brute"* est une conséquence logique du règlement de l'époque. Quand le joueur possesseur du ballon était plaqué, avant que son corps ne touche complètement le sol, il fallait obligatoirement qu'il le lâche, sinon cela était considéré comme un tenu au sol. Il écopait automatiquement d'une pénalité… Que fallait-il donc faire afin de ne pas le perdre ? Tout simplement une protection immédiate[3] pour pouvoir le conserver dans son camp, en mettant une "Frontière" entre le ou les plaqueurs et nous. Une seule solution, que l'on pourrait comparer en partie à la devise olympique de Pierre De COUBERTIN : Citius, Altius, Fortius (Plus Vite-Plus Haut-Plus Fort). Il fallait donc arriver très vite, en nombre suffisant, et rentrer dans la mêlée ouverte impérativement groupés sur les défenseurs déjà en place. Ces deux notions, vitesse et masse, se retrouvent dans la formule : $E=MC^2$. Effectivement, depuis la découverte d'Albert EINSTEIN, personne n'a encore trouvé mieux pour calculer l'énergie.

---

[3] Mêlée ouverte rapidement exécutée.

Cette énergie que recevait l'adversaire n'était pas de la brutalité, mais la masse compacte de joueurs, augmentée par la vitesse, ne faisait pas du bien aux côtes des adversaires. Tout était réglementairement correct. Ceci étant, rien n'empêchait à l'équipe adverse de nous faire la même chose, d'ailleurs personne ne s'en privait mais pour eux c'était normal...

Comme nous étions l'équipe à abattre, et assez difficile à battre, la grande excuse propagée comme une immuable vérité par les adversaires, était formulée ainsi : *"C'est pas du Rugby, Ils jouent comme des brutes ! Ils sont violents ! C'est pour ça qu'ils gagnent !"*

A ma connaissance il n'y a jamais eu en face des joueurs, qui ont eu de très graves blessures irréparables par notre faute, comme cela arrive de plus en plus fréquemment maintenant. Cherchez l'erreur ou plutôt le pourquoi.

Actuellement l'affrontement est du face à face avec une gestuelle très dangereuse et des placages hauts et frontaux. Avec tous les capteurs qu'on peut implanter sur le corps, on devrait pouvoir démontrer que la puissance de ces gestes qui étaient autorisés à notre époque, ne fut ni de l'agressivité, ni de la violence, mais la résultante d'une équation qu'il ne nous appartenait pas de résoudre ! Nous, nous ne faisions qu'appliquer, sans le savoir, la formule d'Albert.

Et certains d'entre nous, ne connaissaient même pas Albert, et encore moins sa formule !

Heureusement ! Il y avait aussi des connaisseurs qui avaient une opinion différente et ne se laissaient pas influencer par la "vox populi" chauvine et dénigrante. Leurs commentaires, articles et livres plus élogieux donnaient une juste valeur à notre équipe.

Roger COUDERC, "Speaker" à la télévision, grand spécialiste du Rugby, transmettait, avec sa voix rauque, sa passion aux téléspectateurs à un tel point que ce sport géographiquement localisé de son temps dans tout le sud, il en était arrivé à le faire aimer à toute la France. Et dans ses commentaires, dans les années 1970 il disait : *"Béziers joue déjà le Rugby de l'an 2000."*

En 1972, Didier BEAUNE commentateur sur R.M.C, avait rédigé un livre sur L'A.S.Béziers au titre percutant : "Les invincibles." Il avait eu du flair, et misé sur le bon cheval. Il l'avait écrit juste avant la finale de 1972. Le titre soulignait notre parcours sans un seul match perdu depuis l'été 1970. Il devait le sortir quelques jours plus tard. Venu dans notre car, qui nous amenait de Béziers à Lyon, pour jouer la finale contre Brive, nous l'avions senti très inquiet. Il fut grandement soulagé quand l'arbitre siffla la fin du match, et nous restions toujours invaincus. Il n'avait pas à trouver et à faire imprimer un autre titre pour son livre.

Enfin le professeur Henry PUJOL, notre plus médiatique supporter, se plaît encore à raconter dans les soirées Rugby, qu'un jour, invité à un Angleterre-France, au cours du repas, le président de la Fédération ANGLAISE, lui aurait avoué que les progrès du XV de la rose, venaient de l'inspiration qu'ils avaient trouvée dans le jeu de Béziers ; ce qui certainement signifiait pour un gentleman Anglais : Qu'ils nous avaient tout simplement copié pas mal de trucs.

Dans le Championnat de France de Rugby, comme dans tous les Championnats, que les équipes jouent bien ou mal, qu'elles gagnent avec panache ou à coups de raccrocs, du top 14 à la dernière série, la seule vérité de cette compétition, c'est qu'il y aura chaque année, un Champion, et évidemment un dernier.

Le Champion se classe souvent très mal au cours de la saison suivante. Le prestige de l'invincibilité sur la longueur de l'année de sa gloire n'existe plus, et dans la saison qui suit, en qualité de leader, il est *de facto* devenu l'équipe à battre, ou plutôt à abattre. C'est vrai qu'il est dur de résister à de tels assauts, chaque match devient un duel, surtout quand il se joue chez l'adversaire. Actuellement, il devient rare que le Champion de France, le soit également deux années de suite.

A l'exception de trois ou quatre clubs, qui recommencent à aérer le jeu, le Rugby Français est triste à voir. On peut dire aujourd'hui, en plagiant à deux mots près la formule d'Eddy MITCHELL, qu'il n'est pas la **dernière séance** ! Mais qu'il est la **même séance** !

Devant ce constat et ma vision personnelle sur ce que je connais de ce sport, j'ai essayé de comprendre tout simplement, pourquoi le Rugby d'une façon générale en était arrivé aussi à cette réalité, et surtout pourquoi le jeu de Béziers ne s'était plus perpétué, comme tout aficionado aurait pu le supposer, et l'espérer.

Evoquant mes souvenirs et me remémorant le vécu de ces années de gloire, j'ai essayé sans aucune prétention personnelle, et en toute modestie, d'apporter une réponse aux deux premières questions qui trottaient dans ma tête :

Qu'est-ce qui a fait que l'A.S.Béziers, dans son magnifique parcours de 1960 à 1984, malgré divers déboires de tous ordres, et pas des moindres, caracolait en tête du championnat de France ? Et surtout pourquoi une telle longévité, avec un palmarès on ne peut plus glorieux ?

Je ne savais par où commencer. Je connaissais beaucoup de choses sur le club, mais de là à recenser vingt-cinq ans de sa riche histoire, c'était un travail trop important pour le temps que je pouvais actuellement lui consacrer.

La vie vous réserve parfois de très bonnes surprises, ou provoque des rencontres imprévues, et des événements inattendus croisèrent mon chemin ces deux dernières années.

Coïncidence ? Chance ? Hasard ? Fatalité ?

La première rencontre (coïncidence ?) fut l'heureuse rencontre avec Monsieur David WOZNIAK, qui en qualité d'enseignant, a eu l'autorisation de ses pairs, de pouvoir faire son mémoire sur L'A.S.Béziers Hérault pour obtenir son diplôme d'historien. Il lui était donc nécessaire d'interroger des anciens joueurs. Il m'a sollicité, et dès notre premier contact, nous avons immé-diatement sympathisé ; nous nous revîmes plusieurs fois.

La deuxième rencontre (fatalité ?) est arrivée par le centre de formation de L'A.S.Béziers. Comme le font les Grandes Ecoles de l'Enseignement Supérieur, ce centre donne le nom d'un ancien joueur à la promotion de l'année. Ils avaient décidé pour la saison 2017-2018 de l'appeler : Promotion Yvan BUONOMO, j'en fus très honoré.

J'y ai été invité à trois reprises au cours de cette année sportive. La première fois pour être présenté au groupe, une deuxième fois pour assister à la présentation du bilan financier et sportif, y assistaient également les sponsors éducatifs publics et les parents des joueurs. La dernière fois c'était tout simplement pour prendre la photo sur le stade.

Au cours de ces trois invitations, j'ai pu m'entretenir avec les uns et les autres. Ce fut pour moi instructif, mais honnêtement, pas convainquant.

Non pas que je remette en question la qualité des enseignants ! Ou leur dévouement ! Ou encore leur compétence ! Qu'ils soient du staff éducatif, médical ou administratif, et je n'émets également aucun doute sur les sentiments sportifs des joueurs. On les sent passionnés, besogneux, curieux d'apprendre, et aussi de bien faire, toujours à l'écoute, avec ce besoin permanent de savoir, pour essayer de percer dans ce magnifique sport. Ils font, je pense, le maximum, d'ailleurs quelques-uns jouent déjà en équipe première à Béziers, d'autres dans quelques clubs Français, et même étrangers. Mais si je suis persuadé qu'ils font pas mal de physique et du technique, par contre je n'ai pas pu savoir quel Rugby on leur apprenait. Les quelques questions que j'ai pu poser en discutant tranquillement avec certains, ne m'apportèrent pas les réponses que j'attendais par rapport au jeu que j'avais connu ! Par mon ignorance, peut-être, je ne fus pas convaincu par ce qui pourra rester après ce passage en formation, sachant que le Rugby est un jeu collectif.

Certes leur carte de visite sera plus fournie, et ils pourront accéder plus tard - je le suppose et je le leur souhaite - au haut niveau du championnat.

Comme ils ne sont pas tous du même club, de retour dans leurs équipes, dissociés et éparpillés, que pourront-ils faire avec un partiel savoir dans un nouveau groupe ?

Selon leur état d'esprit, est-ce qu'ils s'auto-vedettiseront et feront-ils fi de leurs nouveaux coéquipiers et de la couleur du maillot qu'ils devront porter ? Car ce jeu n'est pas fait pour être joué individuellement, il a besoin de partenaires, et aussi... d'un clocher.

Les règles actuelles sont plus adaptées, et encore bien plus clémentes que du temps où nous jouions. En essayant de dépoussiérer, toujours rangées sur des étagères, les partitions qui firent obtenir nos trophées maintenant ternis par le temps, et en y ajoutant un zeste pour les adapter à ces nouveaux règlements, cela pourrait permettre sans aucun doute de redonner au Rugby Biterrois un meilleur éclat.

Toutes ces orchestrations, testées, répétées, rabâchées, améliorées, qui ont porté toujours plus haut les couleurs du club, étaient inscrites dans un répertoire riche en gestuelle, en technique, en mouvements individuels, en combinaisons collectives ; le tout était suivi d'enchaînements précis ou d'inspirations individuelles qui, avec la balle en mains, parachevaient l'acte par le ballon aplati derrière la ligne.

A la fin de certains entraînements, ou aux échauffements d'avant-match, comme des musiciens qui seraient privés des sons de leur instrument, suivant seulement la baguette d'un chef d'orchestre imaginaire, et mimant avec justesse la mise en place d'une partition dans un tempo parfait, nous parvenions au sein de cet orchestre à donner un concert silencieux, tout naturellement et rien qu'avec nos seuls gestes.

Par des enchevêtrements d'automatismes programmés, ces mouvements virtuels n'étaient que la réplique – nos hologrammes en quelque sorte - des phases de notre jeu. Sans commandement, sans se parler, ou s'interpeller, seules l'intuition et la gestuelle de l'un, déclenchaient l'intuition et enclenchaient la gestuelle de l'autre. Quel en était le langage ? Etait-ce une forme de télépathie ? Non ! Plutôt une adhésion à une vraie symphonie collective enregistrée dans notre mémoire !... Nous répétions tout simplement sans ballon un morceau de match !... Etonnant non ? Avec ou sans ballon, nous savions jouer, et surtout nous pouvions défendre sans parler. Cela était important pour toutes nos fins de matchs quand, par la fatigue, la lucidité de notre cerveau s'atténue, c'était inconsciemment que nos membres, sans que nous réfléchissions, assumaient dans une communion notre coordination personnelle et collective.

Beaucoup de choses du Rugby pratiquées à Béziers se sont oubliées, perdues ou effacées. Je suppose que c'est involontairement par le manque de savoir. Beaucoup d'anciens joueurs qui nous succédèrent n'ont pas connu la palette complète des combinaisons, ni leur fonctionnalité, ni la précision de la gestuelle, ni leur pouvoir sur l'adversaire.

Pourtant chacune d'elles avait une "utilité précise", était spécifiquement faite pour une phase type de jeu. Elles étaient un peu comme les pièces de théâtre classique du XVIIème siècle qui devaient respecter trois règles : l'unité de lieu, de temps et d'action. Nous, nous les appliquions sur un espace de terrain défini, pour une action précise, et en fonction du jeu que nous voulions faire, ou qui nous était opposé.

J'avais émis le souhait de venir parler de tout cela au centre de formation. Non pas dans une salle avec un tableau vert ou noir, éclairé par des lumières blafardes, mais sur le terrain, au grand air pur. Un œil nouveau sur une façon de jouer aurait pu apporter, peut-être, "Un tout petit brin de quelque chose ? Ou peut-être un grand rien ? "

Je sais très bien que ce n'est pas en deux heures que l'on peut transmettre ce que l'on a appris et pratiqué pendant presque deux décennies !... Mais chercher toujours à être utile est dans la nature de certains...

Je n'ai jamais reçu de bristol pour revenir au centre de formation, mais réflexion faite, je pense qu'il a mieux valu. Car même en croyant parler la même langue, on aurait pu avoir une très grande difficulté à se comprendre.

On ne peut pas enseigner un rôle, ou une technique, modifier des gestes, bousculer les habitudes, implanter un nouveau décor, et tout cela en deux petites heures.

Deux heures ! C'est court, c'est le temps d'un match. Le temps d'une victoire ou d'une défaite, il en faut des dizaines, voire des centaines pour maîtriser son sujet. Comme a dit un Général "Vaste programme !"

Pour notre génération, avec un planning de "deux entraînements par semaine" et un peu plus de quarante matchs environ par saison, il nous aura fallu, sans compter l'apprentissage junior, trois bonnes années pour arriver à parfaire notre jeu et pour l'imposer. Deux heures où rien ? Etait-ce pareil pour faire entrevoir un filet de lumière ? Ce n'était vraiment pas assez pour faire découvrir ne serait-ce qu'un très pâle soleil, donc du négligeable, mais peut-être pas de l'inutile ! Tant pis !

Pour en revenir à mes coïncidences ? chance ? hasard ? fatalité ? J'eus une troisième opportunité qui fut une invitation, en février 2018, de Didier MIQUEL pour assister à une soirée de l'association "Mêlée Ouverte". Cette association regroupe des commerçants, des industriels, des viticulteurs, des agents immobiliers, des artisans, et bien d'autres professions libérales. Ce sont tous de fervents supporters de l'A.S.Béziers.

En qualité d'ancien joueur, j'intervenais sur le Rugby, après leur débat professionnel.

Pour préparer cette soirée, et pour me rafraîchir la mémoire, je me suis plongé dans les écrits de David WOZNIAK qui avait eu, entre temps, la gentillesse de me faire parvenir par internet un exemplaire de son mémoire, il ne l'avait pas encore déposé.

J'ai trouvé son travail on ne peut plus sérieux et remarquable. J'ai donc lu avec la plus grande attention toutes ses notes, ses statistiques et les commentaires du dossier. Il expliquait tout sur L'A.S. Béziers depuis sa création jusqu'à nos jours. Je ne pouvais pas trouver mieux comme références pour m'aider à écrire mon livre.

Cerise sur le gâteau, la globalité de ces glorieuses 25 années du club, pour la première fois lues noir sur blanc, m'envoya un flash, et tout s'éclaira. Même si je connaissais son histoire, j'ai seulement compris à cet instant comment pour obtenir ces résultats hors du commun et leur longévité, les pièces du puzzle de cette faste période s'étaient emboîtées.

Rien d'énigmatique ! Que des petits morceaux, d'actes et de faits, que nous savions déjà, mais dont il n'était pas évident de schématiser dans une vue globale sans les avoir mis, côte à côte, bout à bout, ou dos à dos avec tous les détails s'y rapportant.

Là, avec tous ces chiffres sciemment alignés et la concordance de mes souvenirs, il m'était possible de comprendre par une simple lecture le pourquoi et le comment de la progression chronologique du cheminement qui fit la gloire du club, l'histoire de son insolente réussite sportive et de son rapide déclin.

A la recherche du Rugby perdu...

Le mémoire de David[4] est parfaitement parlant par les statistiques, même s'il commente très peu la partie technique du jeu. Il n'y a pas grand-chose sur ce sujet, du moins dans ce qu'il m'a envoyé, si ce n'est des explications générales, données par Richard ASTRE et Raoul BARRIERE, sur le positionnement de joueurs, en triangle et en miroir, en défense et en attaque.

Bien que nous n'ayons jamais fait du tableau noir, on peut expliquer un mouvement ou tracer un schéma tactique de ce que l'on souhaite faire adopter à une équipe. Mais la technique individuelle, avec le positionnement corporel et la gestuelle qui s'y rapportent, et qui sont les rouages du mouvement, ne se trouvent pas dans les livres, ni ne se dessinent au tableau noir, cela s'apprend sur le terrain, aux entraînements, sur la base d'instructions et de corrections, avec une grande application, très progressivement, et se peaufine avec le groupe, en jouant. Le temps fait le reste !...

Si Raoul et Richard avaient voulu tout expliquer, c'est un autre mémoire supplémentaire que David WOZNIAK aurait dû présenter.

Une autre rencontre, ou plutôt une conversation, me fit également comprendre le pourquoi de beaucoup de choses. David WOZNIAK avait demandé à quelques anciens, dont je faisais partie, de venir à Sauclières sur la pelouse afin de faire un reportage souhaité par la ville de Béziers pour parler du temps jadis, du bon temps de l'A.S.B. Donc ce lundi du printemps 2018, nous devions être interviewés individuellement, et pendant que l'équipe technique se mettait en place, nous attendions notre tour pour passer. Nous avions chacun un créneau horaire. Richard était convoqué à 13h30 et moi à 14h00. Arrivant toujours en avance à mes rendez-vous, donc nous nous voyons. On parle de la pluie et du beau temps,

---

[4] Sous réserve du bon fonctionnement de ma mémoire car je n'ai plus le document de David WOZNIAK pour vérifier.

du match de la veille que je n'avais pas vu, et puis je lui demande :

« *Richard ! Est-ce que je peux te poser une question, peut-être embarrassante ? Mais dis-moi la vérité...*
- *Vas-y, je t'écoute !*
- *Réponds-moi franchement ! Moi je ne viens pas trop à Béziers, et pendant un long moment je n'y suis pas venu du tout. Quand je viens je ne reconnais plus notre jeu, il ferait un malheur maintenant. Alors est-ce que vous vous êtes mis d'accord, les quelques anciens qui sont encore sur Béziers et près du club, pour ne pas divulguer ce que l'on faisait ? »*
- *Mais pas du tout ! Mais pas du tout ! Mais pas du tout ! ...* (Il paraissait vexé) *Au contraire, chaque fois qu'il y a des nouveaux entraîneurs, je vais les voir, j'essaye de discuter avec eux, mais il n'y a rien à faire, ils ne veulent rien entendre !... Le seul avec qui j'ai pu en parler, c'est David AUCAGNE. Il est de Toulouse, et Toulouse s'est inspiré à un moment donné de notre jeu !... BOUSCATEL, l'ancien président me l'avait dit et même il ne comprenait pas pourquoi Béziers était tombé si bas. »*

Son témoignage confirmait ce dont je me doutais, tout a été abandonné, oublié...

Ces quatre rencontres : "David WOZNIAK, centre de formation, association mêlée ouverte et conversation avec Richard ASTRE" ont été les déclencheurs qui m'ont inspiré pour redonner la réelle valeur, et le pourquoi de l'épopée Biterroise.

Entre temps, un reportage n'ayant aucun rapport avec le Rugby passa à la télévision, et il me captiva. J'ai pu le retrouver facilement sur l'Internet. Je l'ai revu plusieurs fois, et j'ai constaté un lien très étroit, et un rapport on ne peut plus évident entre le sujet de ce reportage et le jeu spécifique du Grand Béziers.

Et chose extraordinaire ! Non ! Nos mouvements ne cachaient pas le ballon comme le prétendaient tous les surfaits hautains et incompétents détracteurs qui pensaient que l'on trichait et que cette tricherie faisait notre force, ce documentaire m'a fait comprendre que notre façon de jouer avait un PLUS ! Ces mouvements possédaient un secret que nous tous certainement ignorions.

J'étais arrivé au club en junior B, et j'ai joué au poste de deuxième ligne jusqu'à la fin de saison de 1968. On a mis un certain temps avant de me confier le numéro 8. J'essaierai de vous le décrypter au mieux car dans cet ensemble cohérent du jeu que nous pratiquions, où le visible en masse cachait l'invisible du détail, cela vous permettra de comprendre peut-être le pourquoi et le comment du Rugby de Béziers.

Je jouais donc N°8. C'est le poste à partir duquel en mêlée on peut développer tous les départs de la troisième ligne. En connaissant parfaitement cette place aux multiples et délicates combinaisons techniques, sur le commandement du N°9 et capitaine Richard ASTRE, démarrait le jeu depuis les phases statiques que sont les touches et les mêlées. De la réussite de ces lancements dépendaient la continuité du mouvement collectif.

En mêlée, nous avions cinq combinaisons numérotées plus sept autres qui portaient des noms, noms qui étaient également communs avec celles que l'on faisait en partant de touches. De tout cela il n'en reste rien ou plus grand-chose si ce n'est la seule dont se gargarisent encore les commentateurs avec la plus grande ignorance de sa faisabilité et de sa gestuelle originelle, celle que le Docteur JORDAN, dirigeant de Montpellier et ancien entraîneur des juniors de ce club, m'avait dit que : « *Comme la 89 est éventée, je l'ai rebaptisée la*

"Buonomo – Astre". Il y a de cela trente cinq ans et plus. C'est sans doute la raison qui a fait qu'elle a pris beaucoup de rides et que je ne la reconnais plus.

Je peux vous dire, pour avoir été impliqué dans sa faisabilité, qu'aujourd'hui, neuf fois sur dix ce n'en est pas une. Elle n'est pas faite comme elle devrait l'être. Si je peux me permettre de vous en donner la raison, vous pourrez à l'avenir l'observer.

D'abord elle se fait souvent sur des mêlées mal positionnées ; je parle de l'endroit sur le terrain et non de la position de la tenue de mêlée. Ensuite, la course du 8 n'est pas en conformité avec la technicité de la gestuelle correspondante, ni avec la subtilité pour laquelle elle a été inventée. Sa finalité est devenue un geste ordinaire, un ballon donné n'importe comment du 8 au 9, quand le 8 ne garde pas la balle égoïstement.

Même des commentateurs les plus techniciens, anciens joueurs ou entraîneurs mais très jeunes dans les années 70-80, annoncent aux téléspectateurs : « Ils font une 89 ». Désolé Messieurs ! Mais c'est très souvent faux. Révisez vos copies !

En plaisantant, je dis que ce ne sont pas des 89 que l'on voit, mais des 888.888.888.888 et 9 ! Soit le ballon est tombé à cause d'une étrange passe à une seule main au bout d'un bras complètement vrillé, soit le 9 est presque en touche poussé par un 8 inarrêtable qui en courant obliquement comme dit "Félix Escartefigue" le capitaine du ferry-boat[5], le transborder du vieux port Marseillais en parlant de son matelot « *Il me mange toute la vapeur !* » Le numéro 8, lui « *Il mange tout le terrain au n°9 !* »

Et je vous passe les autres détails improductifs faits dans cette combinaison.

---

[5] Prononcer ferriboâte.

Si mon propos vous paraît un peu trop imagé, sachez que je ne l'ai pas rêvé ni imaginé, mais c'est la réalité, c'est même de la télé-réalité, vérifiez-le vous-mêmes sur le petit écran aux prochains matchs.

Quant à la passe directe du n°8 toujours derrière son pack, qui sans bouger, donne au n°9 un peu lancé et écarté de sa mêlée, dès que celui-ci part au ras, ce n'est ni l'action, ni l'esprit d'une 89, c'est un numéro qui passe tout simplement le ballon à un autre numéro. Cela ressemble à une "plus un"[6] des lignes de trois quart, mais jouée en sortie de pack. Si tous les mots que l'on emploie dans le quotidien veulent dire quelque chose de précis, les chiffres et les nombres de nos combinaisons aussi.

Nous étions une équipe, et mon intention en écrivant ce livre est de parler d'elle dans le contexte que j'ai vécu et ressenti. Nous étions tous axés sur le même sujet dans un même idéal, pour un seul but : "Etre Champion de France"

Je n'étais qu'un parmi tous les autres, mais ma pensée associe constamment tous mes coéquipiers et entraîneurs à la réussite que nous avons eu avec l'A.S.B. Toutefois la description de mon parcours peut apporter l'espoir à tous ceux qui pensent que ce que nous avons réalisé, le fut par des surdoués aux qualités naturelles exceptionnelles !... Je les rassurerai peut-être, en disant qu'ils se trompent complètement. Certes, il faut un minimum d'adresse, beaucoup d'envie, un peu le sens du jeu et de la logique, choses communes à tous les sports. Mais c'est en très grande partie par le travail, la volonté et l'abnégation que nous y sommes arrivés. Il est vrai que nous avons eu de très bons professeurs, car les trois Sétois que nous étions, je vous le rappelle, ne connaissaient absolument rien au Rugby quand ils ont frappé à la porte de l'A.S.B.

---

[6] Se dit quand on crée un surnombre

3

Raymond BARTHÈS

La Mise en place d'un nouveau Jeu.

A Béziers, les 25 glorieuses ont commencé un jour !... Le jour où Raymond BARTHÈS arrive en 1955 à Béziers en qualité d'entraîneur. Il est professeur d'éducation physique au C.R.E.P.S de Montpellier et dans ce centre où les élèves rentraient sur concours, il formait les futurs professeurs de gymnastique, les profs de gym, comme l'on disait à l'époque.

Il apporte dans son sac, ou plutôt dans son cartable, une nouvelle façon de jouer le Rugby et une méthode pour manager tout un club. La meilleure preuve de cette vérité, c'est que pendant toutes les années que j'y ai passées, quelle que fut la catégorie des équipes - Minime, Cadet, Junior, Réserve, Première - nous entendions toujours les termes du même glossaire, les mêmes noms d'annonces de combinaisons. Ce lexique nous était enseigné oralement avec sa pratique correspondante.

Pour nous les Sétois, arrivés sans aucune connaissance de ce sport, notre plus grande chance fut de plonger d'entrée dans le

"Chaudron magique de la technique Biterroise". Cette mise en place voulue par Raymond BARTHÈS fut un sésame linguistique, qui a permis de relier tous les joueurs du club. Nous parlions tous la même langue technique, à chacun de réciter au mieux la leçon qu'on nous apprenait.

Raoul BARRIERE arrête de jouer après son titre de Champion de France en 1961. Il commence à prendre en mains les juniors A. Il enseigne et applique comme chacun sait le système de jeu, et ensuite il le peaufinera et le perpétuera de façon plus technique et collégiale quand il prendra en mains l'équipe première.

S'il existe toujours juste quelques noms de ces combinaisons maintenant plus que cinquantenaires, encore faudrait-il que ceux qui les commandent sachent à quoi elles correspondent réellement ! Le pourquoi elles sont faites ! Et à quel moment on doit les faire en cours de match ! L'exemple type dont je vous ai déjà parlé, c'est la fameuse 89, qui n'a actuellement de 89 que le nom. C'est l'imitation d'une pâle sous marque, et qui est devenue à présent une simple passe tarabiscotée du n°8 au n°9.

Le Rugby de Raymond BARTHÈS se différenciait complètement de celui que j'avais pu voir quand j'avais une douzaine d'années, période où je ne pouvais imaginer une seconde qu'un jour je pratiquerai ce sport, en plus à Béziers, et que je remporterai autant de titres. Même si j'adorais le foot, j'allais aussi regarder les matchs du Tournoi des Cinq Nations. Je dis j'allais car les foyers possédant une télévision dans les années 1950 étaient rares. C'est trois immeubles plus loin, à côté de ma maison, dans l'arrière boutique de l'épicerie du quartier, que cette brave dame qui aurait fait, si le Rugby féminin avait existé, un bon pilier tout au moins par sa morphologie, m'autorisait à regarder avec elle et son mari les matchs. Le couple adorait ce sport et le catch !

Le jeu des avants dans cette période ancestrale était un peu dans le style de maintenant, mais bien plus lent et moins dynamique. Les joueurs pratiquaient le gagne terrain en fonçant, ou plutôt en défonçant l'adversaire. Les gros empilages étaient constants, et le ballon n'en sortait quasiment jamais. Comme l'on ne pouvait pas le ramasser dans la mêlée avec les mains, il se talonnait obligatoirement bien sûr avec les pieds, son expulsion en était rarement propre et rapide et provoquait le piétinement des articulations des joueurs au sol.

Ce tas empilé n'importe comment, comme dans un dessin de DUBOUT, par la magie du sifflet de l'arbitre, se relevait pour se repositionner en une mêlée ordonnée, permettant une entrée en bélier sans aucune retenue. Gamin, je trouvais cela impressionnant, plus tard je la connaîtrai cette entrée en mêlée, et quand on y participe sur le terrain on trouve cela tout à fait normal.

A cette époque et jusqu'à presque la fin des années 1960[7] les progressions pour gagner du terrain se faisaient beaucoup par les touches. La balle pouvait y être envoyée directement et restait à l'équipe qui l'y avait mise. Puis un peu plus tard, la règle changea, il fallait qu'elle rebondisse au moins une fois sur le sol avant de sortir pour que la touche soit à vous.

Maintenant c'est un peu tout le contraire, la balle peut être envoyée en touche directement de ses 22 mètres mais par contre elle est redonnée à l'adversaire.

Tapée en dehors de ses 22, elle doit également rebondir avant la ligne de touche sur le sol, mais vous en perdez la possession. Il n'y a que sur une pénalité dégagée en touche que le ballon vous revient de droit. D'où l'invention du terme "pénal touche" !

Une équipe se devait d'avoir de très bons sauteurs, car avant on ne pouvait pas comme maintenant, soulever ses partenaires.

---

[7] 1967, 1969 (sous réserve)

Il fallait qu'en plus de leur détente, ils évitent toutes sortes de finasseries et de coquineries, pour que l'on ne sabote pas leur élan. En résumé, il fallait connaître le "métier"... Et donc toutes les ficelles pour conquérir le ballon. Soyons sport, dans les deux camps l'imagination était très fertile et toujours présente au rendez-vous dans l'alignement pour nuire. Au fur et à mesure les ficelles s'éventaient, chaque équipe essayait de faire au mieux pour tromper l'ennemi...

Quelques mètres après quelques autres mètres, par ce jeu de pieds direct, et toujours en possession du ballon, se remontait le terrain pour arriver jusqu'au plus près de l'en-but adverse pour, soit essayer de marquer un essai par les avants en force, soit passer un drop, ou bien taper une pénalité obtenue. Cette façon de jouer était, même pour les afficionados un spectacle ennuyeux, l'équivalent du "RUK INFINI" actuel qui l'a avantageusement remplacé, mais avec la télévision en couleur, il est moins indigeste !

Quand ils avaient la possibilité d'ouvrir, après avoir usé le pack d'en face, les belles lignes de ¾ prenaient le relais. Les joueurs se tenaient en profondeur, et non à plat, ils fixaient leur adversaire respectif, et transmettaient, avec une gestuelle précise, le ballon.

Les cadrages, les débordements, les crochets, les croisées, étaient la lumière de ces attaques avec le soutien constant pour palier le blocage ou l'erreur, d'une 3ème ligne toujours présente. Le contraste entre les lumineux trois quart, et le jeu terne des avants avait donné cette expression "Le jeu à la Française".

Il est vrai que dans ces années 1950 les avants ne touchaient pas beaucoup la balle. On racontait que dans des équipes de club où le cinq de devant était du style "très vaillant", mais également bien souvent "très maladroit", dans le vestiaire, avant le match, le capitaine donnait à tour de rôle le ballon à ces joueurs-là en leur disant : « *Vas-y ! Touche-le maintenant !*

Allez à toi, touche-le, encore ! Parce qu'après-midi, tu pousses en mêlée, tu aides au talonnage, tu soutiens en touche ! Mais surtout tu ne mets jamais les mains sur le ballon... Jamais ! Tu as bien compris ! Jamais ! »

A part ceux de l'équipe de France je ne voyais aucun autre match télévisé.

Pour le profane que j'étais, les porteurs de Coqs étaient mon seul repère. Ce spectacle en noir et blanc, représentant la force, la puissance, l'adresse et le courage, me fit conclure naïvement que c'était la seule façon de pouvoir jouer ce jeu, car si l'équipe de France faisait exactement comme l'équipe adverse la vérité était bien là.

De plus, les étroitesses des scores, souvent sans essais marqués, donnaient le sentiment que les équipes étaient de force égale. Comme dans l'allégorie de la caverne de Platon, je ne pensais pas qu'autre chose pouvait exister. Mais pour définir la différence avec ce que je pratiquerai plus tard, je citerai une phrase du texte que j'ai lu dans cette allégorie en parlant du jeu de Béziers : « J'ai vu les merveilles du monde intelligible. »

Dès la première ligne j'ai écrit : « L'A.S. Béziers avait-elle un jeu différent des autres équipes ? » Je peux maintenant répondre OUI ! Et je dirai même plus : « OUI ! Très différent »[8]

Tout ce long propos pour dire que ma surprise fut grande quand je me suis retrouvé avec les juniors. C'était une façon bien différente de nous apprendre à jouer, accompagnée d'explications, de conseils, de recommandations, de savoir-faire ; en nous rabâchant surtout **les fautes qu'il ne faut**

---

[8]Piqué honteusement aux inspecteurs Dupond et Dupont enquêtant sur les tricheries biterroises.

jamais commettre. Elles sont encore gravées dans un coin de ma mémoire. Mais ces grosses erreurs techniques ne sont plus un tabou, même pour les connaisseurs. Malheureusement elles sont actuellement de plus en plus nombreuses dans tous les matchs quel que soit le niveau. Les commentateurs, les spectateurs, les entraîneurs s'y sont tous habitués. Mais moi, pas encore ! Elles sont aussi nombreuses même à très haut niveau que des fautes d'orthographe dans un SMS.

Raymond BARTHÈS a eu la vision d'un jeu complètement différent de celui en vogue dit à la Française. Il cherche en premier les formules pour privilégier le jeu des avants dans des mouvements collectifs, où le porteur du ballon au lieu de foncer tête baissée, joue comme un trois-quart qui doit exprimer sa force et sa puissance sans perdre le ballon pour en faire bénéficier ses partenaires. On peut le résumer brièvement ainsi :

- Instauration d'un jeu fait d'ensembles de mouvements coordonnés qui vont s'auto-enchaîner pour essayer de faire franchir la ligne d'avantage[9], devant faire en finition des réorientations de façon à continuer en jeu groupé ou déployé, ou combiner l'ensemble des deux.

- Sur des positions de fixations ou de blocage, balle toujours en mains se faire passer le ballon par un mouvement « circonvulatoire »[10] pour arriver à toujours franchir cette fameuse ligne d'avantage. Suivra à nouveau un jeu groupé ou déployé d'avants ou de trois-quart.

C'est une fois que vous avez franchi cette ligne imaginaire, et que l'adversaire est dans votre dos, si vous n'avez pas encore gagné, il y a de très fortes chances que cela soit perdu pour l'opposant. Ces mouvements pouvaient partir de phases fixes comme les touches, les mêlées ou les pénalités jouées à la main, ou bien de phases spontanées, comme les mêlées

---
[9] Ligne imaginaire séparant les deux camps passant par l'axe des mêlées et la touche.
[10] Néologisme rugbystique

ouvertes, la récupération sur renvoi, ou les coups de pied divers...

Avec un brillant demi de mêlée comme Pierre DANOS aux commandes, un arrière de grande valeur Paul DEDIEU, surnommé par Roger COUDERC "la petite sentinelle", des avants, loin d'être du style *on ne touche pas le ballon pendant le match*, mais entraînés à faire très exactement le contraire, un Raoul BARRIERE meneur du pack, les Emile BOLZAN, Francis MAS, André GAYRAUD dit le Postier, Jean SALAS, François RONDI, Roger GENSANE, Jean ARNAL, Louis ANGELI, et les lignes arrières : Lucien ROGE, Bob RAYNAL, Roger BOUSQUET, Jacky FRATENGELLE, Robert SPAGNOLO, cette équipe de 1961 était extraordinaire !... Et quand nous arrivâmes, nous les petits Sétois, à Béziers en 1963 elle nous faisait rêver. Ils seront au top du Championnat de France pendant cinq ans, puis la gloire s'arrêtera. Pourquoi en si peu de temps ? Ce pourquoi je vous l'explique.

Quand Raymond la Science commence à entraîner, une grande partie des joueurs est déjà dans la moyenne d'âge de la carrière d'un rugbyman, qui allait dans ces années-là de 20 à 34 ans selon les places occupées. Eux, ils ont déjà entre 24 et 28 ans. Pas vieux, mais plus très jeunes.

Pour instaurer cette façon de jouer plus dynamique devant, et typiquement Biterroise, il a dû changer des habitudes, des états d'esprit, faire travailler le physique, apprendre des gestes nouveaux en faisant surtout oublier les mauvais. Avec deux à trois heures seulement d'entraînement par semaine, la vérité de son jeu commencera à se prouver à partir de la saison 1959-1960, date de la première finale, soit quatre ans après sa prise en main de l'équipe.

Son palmarès sera : Quatre finales du championnat 1960-1961-1962-1964 et un titre en 1961 ; Trois finales du Du-

Manoir 1960-1961-1964 et un titre en 1964 ; Une finale du Challenge BEGUERRE en 1962 et un titre en 1964.

    A son palmarès aussi, un autre titre peu connu qui contredit l'affirmation de Monsieur Bernard TAPIE qui a dit que Marseille avait été le premier club français à gagner une Coupe d'Europe tous sports confondus. Cette phrase ne fut pas relevée par les médias, ni par aucune personnalité du Rugby français, ni dénoncée. Et pourtant la première Coupe d'Europe à avoir été remportée par un club français, organisée par une entité sportive reconnue, la F.I.R.A, le fut par Béziers contre l'équipe Roumaine de GRIVITA-ROSIE à Bucarest le 24 juin 1962 sur le score de 11 à 3... Désolé "Monsieur Bernard" mais l'histoire du sport ne peut pas se gommer ou se faire ignorer pour la gloire d'un bon et passionné président. Mais bravo pour la coupe remportée par L'O.M, cela n'enlève rien à la superbe tête de Basile BOLI, qui vous a donné la victoire 1 à 0 contre Milan A.C, en Coupe d'Europe des clubs en 1993 à Munich. Cela trente et un ans plus tard !... BOLI, en 1962, n'était pas encore né.

    Raymond BARTHÈS peut ajouter à tout son palmarès d'autres records, et notamment l'invincibilité en championnat pendant toute la saison 1961. Et, encore plus fort, Béziers restera également invaincu à Sauclières de la saison 1958 jusqu'au 5 janvier 1969... 11 ans sans perdre un match sur ce terrain mythique !

    Non Monsieur BARTHÈS !... Tout cela n'était pas une fatalité ou de la sorcellerie, comme vous "pensiez" que certains le "pensaient", quand vous nous en parliez dans ce train au retour d'un entraînement. C'était bien par votre travail, par votre savoir et par votre vision du Rugby que vous avez permis à Béziers d'obtenir ce palmarès élogieux qui annonçait la suite.

    Alors on pourrait vous poser maintenant la question : Pourquoi votre équipe n'a-t-elle pas tout gagné ? Je pense avoir la réponse, parce qu'en ce qui concerne cette décennie biterroise Acte 1, il en fut de même pour nos décennies, le Béziers Acte 2, et je crois en connaitre les raisons qui seraient communes aux deux périodes. Cette plausible réponse je vous la donnerai plus loin !...

A la fin de ce temps de gloire et de victoires des années 1960-1965, nous étions encore des juniors. On nous avait fait l'honneur d'accéder au grand bain de la compétition de la première division du Rugby Français, dans une équipe qui avait démontré qu'elle n'était pas n'importe laquelle. J'ai toujours pensé, en voyant ces grands joueurs échouer très souvent à la dernière marche du podium, mais tellement constants dans leur compétition, que si un jour on avait la chance de gagner un seul titre de Champion de France, ce serait vraiment magnifique, et tout ce qu'ils nous apprenaient aurait servi au moins à quelque chose. C'était à notre tour de leur faire honneur. Je pense qu'ils ont été comblés...

Il a donc fallu quatre années pour que Raymond la science puisse donner à cette équipe un savoir et un style. Pendant cinq autres années il y eut des résultats probants, l'équipe a continué d'avancer sur les sentiers de la gloire mais l'âge des joueurs avait lui aussi avancé...

Après le départ de Raymond BARTHÈS, c'est le talentueux Pierre DANOS, devenu officiellement entraîneur-joueur de l'équipe première, qui prit en 1965-1966 les commandes avec un moyen pourcentage de joueurs restants de cette faste première période, car d'autres, et pas des moindres, s'étaient, retirés de la compétition.

A la recherche du Rugby perdu...

Photo : Jean Cans (Photofox- Béziers)

Saison 65/66

Debout de gauche à droite :
Mas, Bolzan, Hortoland, Lubrano, Rondi, Salas, Roques, Buonomo, Senal, Massat

Accroupis :
Martin, Fratengelle, Bousquet, Dedieu, Danos, Bernatas, Tricoit

4

La continuité avec Pierre DANOS

En 1965, nous fûmes quelques juniors à venir compléter cet effectif vieillissant. Nous avions notre fougue, notre volonté, notre jeunesse, mais il nous manquait la chose qui est aussi très importante : "Le métier, si je puis dire !" Ce qui est sûr, c'est que l'on fit du mieux possible pour compenser nos lacunes et apprendre de façon irréprochable.

Un point pourtant fut positif, celui de ne jamais arrêter de faire toujours et encore ces mouvements spécifiques. Ils n'étaient pas près de se perdre, ils étaient plus que jamais d'actualité, et par ce jeu cela nous permettra d'accéder tout de même chaque année, aux phases éliminatoires du Championnat de France et celles Du Manoir.

Cette saison démarra par une tournée de quelques matchs en Roumanie. Henri CABROL, Jean-Paul ROCA, André LUBRANO et moi-même fûmes du voyage. Pendant cette tournée, le 19 septembre 1965, nous fêterons avec Dédé, nos 19 ans, au bord de la mer NOIRE, qui d'ailleurs ne l'est pas. Comme n'était pas plus bleu le DANUBE que nous traversâmes pendant notre périple touristique-sportif. Il était, ce jour-là, boueux et marron, et il charriait dans son lit certainement en crue, d'énormes branches encore feuillues qui s'engloutissaient en parties dans des tourbillons, avant de réapparaître quelques dizaines de mètres plus loin, sortant de l'eau comme un plongeur qui retrouve le grand air. Ce paysage m'avait surpris et même un peu inquiété, et vu l'état des routes, des ponts, et du car - un véhicule puant et fumant -, qui nous transportait avec son commissaire du peuple à bord toujours silencieux, mais écoutant toutes nos conversations, je pensais que si un incident ou un accident quelconque arrivait ce ne serait pas demain la veille que l'on aurait de nos nouvelles en France.

Voir la Roumanie, à cette époque, c'était voir un pays pauvre mais avec des gens au grand cœur. Les Français que nous étions étaient les bienvenus et très enviés. Les interdictions pour ce peuple étaient nombreuses ; à peine quelques voitures, celles du Palais présidentiel et des ministères, uniquement des transports collectifs, de très rares taxis sans compteur, des routes nationales en terre, Oui ! En terre battue ! Et mieux, deux miradors ! Non, pas des télépéages, c'était heureusement gratuit, deux miradors en entrée et en sortie de la pseudo-nationale, dans lesquels des soldats relevaient le numéro du véhicule et l'heure de passage.

A la halte du matin, quand nous allions dans une autre ville, dans un sac en papier, pour le petit-déjeuner, il y avait un poivron, un bout de fromage et un morceau de pain. BUCAREST, CONSTANZA, IASSY, BUCAREST tel était l'itinéraire prévu. La halte de midi était également frugale, la tranche grillée de porc ou de veau avait l'épaisseur d'une tranche fine de jambon. D'après le responsable du Tour-Operator et le représentant de la Fédération Roumaine de Rugby, qui avaient dû entendre "que l'on crevait la dalle" nous étions très bien reçus.

L'ambassadeur de France, le soir du dernier match que nous avions joué à Bucarest, avait été invité au repas officiel. Il fut le premier, à notre grande surprise, à entamer debout, à la fin du repas les chansons "Paillardes Estudiantines" de sa jeunesse, devant les oligarchiques Roumains figés et cramponnés dans leur fauteuil qui comprenaient parfaitement le Français, donc les paroles.

S'il avait, de par sa fonction de diplomate, toute liberté, il devait, vulgairement parlant, "S'emmerder" à mourir dans cette capitale Roumaine. Pas de bar, ni de café, ni de restaurant en terrasse ; cela existait mais seulement dans de rares hôtels austères avec des menus du même genre, où les Roumains (à part certains), ne pouvaient aller ; pas de cinémas, pas de spectacles, encore moins des boîtes de nuit, juste quelques musiciens jouant dans des squares. Ses sorties se résumaient à assister à des réunions protocolaires, ou aux réceptions officielles.

Ce soir-là, on aurait pu dire, avec l'expression que l'on emploie maintenant, que l'ambassadeur "avait pété un câble ou qu'il avait dû fumer la moquette de son bureau."

Je crois qu'il disait, ou plutôt faisait comprendre à tous ces nouveaux politiques de ce pays, gouverné par un nouveau dirigeant depuis le 29 mars de cette même année 1965, Nicolae CEAUSESCU, remplaçant Gheorghui DEJ « *Regardez, Messieurs, c'est ça la France, avec sa liberté, sa fête, sa joie,* en sous-entendant, *je vous emmerde et vous ne pouvez rien me faire, parce que j'ai l'immunité diplomatique* »

Effectivement il ne fut, ni rappelé à l'ordre, ni rappelé en France par le quai d'Orsay.

Peut-être que cette nouvelle oligarchie Roumaine, profane en matière de liberté, a appris la musique et les paroles de ces chansons "Paillardes-Estudiantines de la jeunesse de l'ambassadeur de France » ce soir-là et les fit fuiter pour le peuple, qui se réveilla lentement et les chanta (peut-être?) 24 ans plus tard pendant cette Révolution Roumaine, qui finit par l'exécution en 1989 de son dictateur Nicolae CEAUSECU.

Le Rugby m'a emmené trois fois en Roumanie et la dernière fois ce fut en 1979. Il serait malhonnête de dire que la situation des Roumains était exactement la même, dans ce pays devenu producteur de pétrole, il y avait quand même des améliorations au niveau du train de vie, tout du moins pour des privilégiés. Le tourisme était devenu une ressource non négligeable, mais tout appartenait à l'état. Dans ce contexte favorable, les Roumains que nous connaissions bien, et qui nous accueillaient plus qu'amicalement, nous expliquaient que même si le pays débordait de pétrole, les voitures ne pouvaient rouler qu'un jour sur deux en fonction de la terminaison des numéros d'immatriculation pairs ou impairs. Pourtant on ne parlait pas encore en Roumanie comme ailleurs de pollution...

Dans les Kolkhozes, l'élevage des bovins - production de l'état - un pourcentage maximum des plus belles bêtes partaient à l'exportation ; idem pour les céréales, tandis-que le peuple était rationné en pain. Tous les produits de luxe et le beau vestimentaire étaient réservés exclusivement aux touristes étrangers montrant passeport. On ne vendait rien aux Roumains qui regardaient seulement les vitrines, et encore sans se faire voir ou remarquer des policiers guettant à chaque coin de rue ; pour eux, il y avait toujours les cartes de rationnement comme pendant les guerres, sur tous les produits alimentaires.

Je n'ai jamais compris, comment quelqu'un venant de France et ayant vu un pays avec cette façon de vivre, qu'on disait égalitaire et enchanteresse, puisse continuer à garder un penchant pour ce type de société après ce séjour "Touristico-sportif".

A l'époque on disait que la Roumanie était le pays le moins pire de tous les pays de l'Est... Paraît-il ? Je n'ai pas essayé d'imaginer comment pouvait être les autres.

Bien sûr, il n'y a que les imbéciles qui ne changent pas d'avis, peut-être qu'ils ont revu leur copie ? Je ne le sais pas ...

Par contre ce que je sais et ce dont je me rappelle parfaitement, c'est que la première chose que l'on fit de retour en France, fut d'aller manger des énormes entrecôtes frites au buffet de la gare d'Austerlitz en attendant le train qui nous ramenait à Béziers.

J'ai hésité à écrire ce qui va suivre. Mais cela me semble important et j'ai promis en début de livre de ne pas avoir une langue de bois... Alors ! Allons y !.

En 1979, DEMIAN le N°8 Roumain de l'équipe de GRIVITA-ROSIE et également international, était venu une saison en France jouer à TOULON. Un soir, amené par des joueurs de l'A.S.B, tout ce petit monde arriva à Sète pour nous voir, et bien sûr, avec la plus grande amitié nous les avons invités à se joindre à nous pour dîner avec d'autres amis.

Ce soir-là, DEMIAN nous a raconté encore beaucoup d'histoires sur son pays qu'il aimait profondément, et après la fin de son contrat d'ingénieur à La CIOTAT, malgré les problèmes qu'il y rencontrait, il voulait y retourner. Il nous confia : « *En qualité d'ingénieur, de joueur de Rugby et capitaine du XV Roumain, j'arrive à vivre assez correctement, mais il me suffirait d'adhérer au parti pour avoir gratuitement tous les avantages que le peuple ne peut se payer, même s'il en possède les moyens. Les logements particuliers, les Datchas, les Voitures autres que les Lada russes, de couleur blanche, rouge ou bleue, toute la bonne nourriture, etc. Savez-vous,* disait-il, *que nous sommes environ 21 millions d'habitants et qu'il n'y a que 10 à 12 % de la population qui est réellement au parti, mais ce sont eux qui peuvent tout avoir, et ils ont tout.*

Comme quoi ! Quelle que soit l'appellation d'un régime et tous les beaux discours de ses dirigeants, le "JE" passe toujours avant le "NOUS". D'ailleurs, comme vous pouvez le constater, il est le premier pronom personnel dans la conjugaison, alors pourquoi aller plus loin en chercher un autre ?...

Si je me suis attardé sur ces voyages sportifs en Roumanie que nous vécûmes, pour certains, à la fois en qualité de junior et équipier de la première, au tout début de notre carrière, c'est pour rappeler que le sport n'a pas de "Couleur politique" ni de "Frontières" mais qu'il est simplement le rassemblement de toutes personnes aux diverses idées pour pratiquer une passion commune avec universellement les mêmes règles de jeux. La politique à Béziers n'est jamais rentrée sur le terrain, ni même sur le banc des remplaçants.

Et, lorsque un président de club du Top 14, s'engageant à venir jouer avec son équipe un match amical pour le 15 août, date honorant la fête de la ville avec sa légendaire Féria, animée par ses courses tauromachiques, refuse d'y mettre les pieds parce que le parti politique du maire nouvellement élu ne lui convient pas ! Je me permets, de poser à ce président, gentiment quelques questions à titre d'information :

« Dans votre stade, est-ce vous acceptez que les spectateurs se mélangent indifféremment pour supporter les rouges et noirs ? Ou avez-vous fait des travées différentes classant de façon sélective les spectateurs selon leur parti ? Et je pourrais vous poser la même question pour la composition de votre équipe, et pour votre staff, en un mot, tenez-vous compte de cela quand il s'agit de votre club ou de votre entreprise ? Sachez que mes questions sont subsidiaires, et que je n'attends de vous aucune réponse. Mais peut-être proposerez-vous un jour, de votre plein gré, de venir faire ce match que vous avez annulé ?»

Avec les Roumains, tout au long de notre carrière, à Béziers, nous avons toujours partagé une profonde et sincère amitié. Peu importait si certains étaient du parti, ou si la Roumanie avait un régime qui ne nous convenait pas. Nous les acceptions tels qu'ils étaient, c'était le meilleur et le plus simple moyen de les aider aussi moralement.

Avec quelques anciens de 1961, nous sommes retournés les voir, un été, à titre privé. Ils n'avaient toujours pas grand-chose, mais ils ont tout fait pour nous recevoir dignement. Dans le sport ou dans la vie on n'est pas obligé d'être Anglais pour se comporter en Gentleman ; ils en étaient certainement devenus par le Rugby, ils avaient leur dignité, la parole, l'honneur… Et un cœur !

Pendant un an, Pierre DANOS, disons PIERROT, a été entraîneur-joueur, puis les deux années suivantes, il ne se consacrera qu'à l'entraînement de l'équipe première, aidé pour le jeu d'avants par François RONDI, surnommé « le frelon ».

Si je me souviens bien du Pierrot joueur, j'ai par contre une vision moins claire du Pierrot entraîneur. Avec lui sur le terrain c'était un régal. Un excellent capitaine qui menait remarquablement sa troupe comme le fera plus tard Richard ASTRE. Je regrette pendant cette période de ne pas avoir évolué en troisième ligne centre. J'ai dû rater un grand moment. Quand je repris les entraînements réguliers avec Béziers, j'ai pu apprécier la qualité technique de Pierrot entraîneur, mais j'ai eu un peu de mal à me souvenir de ces deux saisons sur le terrain, car sans Pierrot à la manœuvre tout me paraissait plus confus, moins net. C'est Jacky SERIN qui le remplaça à la mêlée. Nous étions, dans la composition du pack, un mélange de jeunes comme Dédé et moi, avec quelques moins jeunes et quelques rescapés de la génération 1961 – 1965 : Louis ANGÉLI, Robert CARBONEL, Georges SANS, Jean GUALANO, Claude MALLET, Jean SALAS, Jean ARNAL, François RONDI, François RAMADA, Gérard BONNERIC, Louis

GAGNIÈRE, Claude VIDAL et Gilbert ROGER. Un patron sur le terrain manquait, et nous, les jeunes, n'étions pas assez chevronnés pour être des meneurs et dire notre mot. Nous écoutions les "Anciens" pour lesquels nous avions le plus grand respect.

Seize mois d'armée dont douze au régiment du Bataillon de Joinville, dénommé "Le B.J", ne me permettaient pas d'être présent aux entraînements du jeudi à Béziers. Par contre, en qualité de sportifs de haut niveau, nous étions mis à disposition du club dès le vendredi soir, et nous rejoignions, après une nuit passée dans le train, nos villes respectives.

Au B.J, j'y passerai toute l'année 1966. L'entraîneur était le D.T.N[11] Robert POULAIN. Je crois me souvenir qu'il conseillait aussi Clermont-Ferrand. Son obsession était de savoir ce que nous faisions comme combinaisons dans nos clubs respectifs, pour bien évidemment les copier. Nous étions divers joueurs et souvent deux ou trois d'un même grand club. Les villes représentées étaient : Narbonne, Perpignan, Brive, Agen, Toulon, Lannemezan, Paris (Racing Club de France), La Rochelle, Périgueux, Saint Junien, La Voulte, et Béziers.

De Béziers je fus le seul pendant toute ma période. Alors, quand ce brave Monsieur POULAIN demandait comme à son habitude : « *A Béziers, vous faites quoi comme combinaisons ?* » Je répondais invariablement « *Je saute, je pousse, je plaque et je passe le ballon !. Quand je l'ai bien sûr !* » Je disais la vérité, que la vérité toute la vérité, mais je me gardais bien de parler des Spings, Marcoffs, Maulos[12], et de toutes les 80, ainsi que les touches normales, raccourcies ou sautées, etc. Jouant deuxième ligne je n'étais pas censé connaître tout ça... L'omission n'étant pas mensonge, j'étais bien content de m'en sortir grâce à cette "pirouette rugbystique".

---

[11] Directeur Technique National
[12] Noms de Combinaisons

Etre le seul du club était un bien bel avantage, car à ceux qui étaient plus nombreux, et il y en avait, il leur demandait en plus leurs positionnements sur le terrain, les noms de leurs combinaisons. S'ils s'exécutaient, je pense par contre qu'ils donnaient qu'une partie des infos. Personnellement, je n'ai rien appris de particulier pendant toute cette période, ni de Monsieur POULAIN, ni des autres joueurs.

Bien que jouant en première, je regagnais en fin de saison les juniors A et leur entraîneur Raoul BARRIERE, pour participer aux phases éliminatoires du Championnat de France appelé coupe Franz REICHEL. Nous arrivâmes en finale contre Périgueux à Toulouse. Elle se jouait en ouverture de la grande Finale du Championnat de France, Agen-Dax, gagnée par les Agenais. Mais hélas, la nôtre, nous la perdrons !

Au B.J il y en avait trois joueurs d'Agen, ainsi que le Capitaine de Périgueux. J'étais le seul perdant dans ce beau Dimanche ensoleillé du mois de mai. Je n'ai pas eu droit à la prime de match qu'octroyait l'armée aux vainqueurs, à savoir une semaine de permission. Je regagnais donc le campement le soir du match directement de Toulouse sans passer par Béziers.

Huit jours plus tard, leur prime de match terminée, quand revinrent les héros de Périgueux et d'Agen, ce fut assez dur pour mon "Moral" d'entendre leurs vaseuses boutades, que se plaisaient d'alimenter leurs supporters de chambrée. Ils étaient d'autant plus heureux que je fusse battu, qu'au cours des phases éliminatoires, trois joueurs, avec leur club, avaient perdu contre nous. Je me demande depuis, si l'expression "chambrer quelqu'un", ne serait pas une moquerie qui viendrait d'une histoire dans ce genre, de sportifs et de dortoir.

Ce qui est bien dans le sport, c'est que l'on a toujours l'occasion de se rencontrer, et un jour on peut prendre loyalement sa revanche !... Patience est mère du temps ! Car par la suite, j'ai eu l'occasion de tous les battre à mon tour...

A la recherche du Rugby perdu...

Durant cette saison 1965-1966, titulaire dans l'équipe première de Béziers, nous gagnerons en 16ième contre l'Aviron Bayonnais et nous nous arrêterons, comme pour les trois années qui suivront, en 1/8 de finale.

En février 1967 je finissais l'armée, et de retour au pays, les trois sétois à nouveau réunis, allions nous entraîner comme par le passé à Béziers, mais nous changions de mode de transport, nous abandonnions le rail pour partir par la route en 2CV. Cette voiture, encore de nos jours extraordinaire en tous points, nous amenait sans marcher de la porte de la maison à celle du stade, nous évitant ces longs trajets pédestres entre nos demeures, la gare, le stade, ce qui était appréciable surtout après nos durs entraînements.

Dans une équipe de Rugby, tout du moins à Béziers, ce qu'il faut que vous sachiez, c'est que pour un même nom de poste dans le pack, chaque joueur a des positions différentes dans les phases statiques que sont les touches et les mêlées. Ces positions divergent encore selon le type de la combinaison à faire. Cela peut être une prise de main, un calage de pieds, une position de bras, ou une force individuelle à accentuer à un moment précis. Ce sont un tas de détails qui ont leurs importances, et qui deviennent naturels et automatiques avec le temps.

L'ensemble est une boite de vitesses avec de multiples rapports, dont chacun des pignons va devoir s'enclencher en se synchronisant. Mais il y a un aléa de taille, c'est que les adversaires essayent toujours de vous empêcher de faire ce que vous avez décidé de combiner. Ils vous mettent des bâtons dans l'engrenage, en un mot, ils défendent, mais pas toujours dans les règles d'ailleurs !

Dans ce jeu, et dans l'esprit avec lequel nous le pratiquions, la chose la plus importante ce n'était pas soi-même, ce qu'il fallait protéger c'était ce "Graal" pour lequel on se battait, ce bizarre ballon ovale, que l'on se devait de posséder le plus longtemps possible, en le protégeant, le bonifiant, et l'apporter en conquérant derrière la ligne de nos adversaires. Dans cette bataille permanente, nous devions nous le passer en cours de chemin si nous sentions que l'on pouvait nous le prendre. C'était la meilleure façon de dérouter et vaincre ces guerriers d'en face, pour qu'il arrive à bon port... dans l'en-but. Le laisser tomber au sol, était la pire des choses qui pouvait lui arriver. Il était impératif de tenir compte constamment de cette ogive, qui pouvait et peut toujours par sa simple position, mettre hors jeu un adversaire, et inversement, par la possession et le positionnement de l'adversaire, vous mettre également hors jeu.

Chaque erreur était une pénalité pour, ou contre nous. Dans les années 1970, tout Maul[13] pouvait être écroulé, et le ballon devait être toujours porté par le premier à l'avoir constitué. Si le ballon repartait vers l'arrière du maul, le premier joueur n'étant plus le porteur, il était censé faire protection illicite, donc il était pénalisable, c'était un hors jeu.

Malgré ce règlement, qui est maintenant complètement l'inverse, ce nouveau maul ressemble à la lame d'un chasse neige, qui déblaye tout devant, en mettant le ballon bien à l'abri derrière, comme dans la cabine de l'engin. Sachant que le dernier est le porteur, il peut orienter tous les départs des mouvements selon son bon vouloir. Il y a toujours quelques mains adverses, aux limites de la pénalité, qui tentent de l'en empêcher. Mais les bienveillants arbitres, appelés maintenant "Directeur de jeu", avertissent avant de pénaliser, ce qui, à mon

---

[13] Regroupement debout

avis est une grossière erreur parce que sachant cela, tout le monde essaye de tricher à peu de frais, et ça importune le jeu.

Actuellement ces mauls, tout du moins dans le jeu français, n'ont pas toujours une finition probante. Nos "Mauls d'antan" avec ce nouveau règlement feraient un malheur.

Comme c'était en toute légalité que l'on pouvait écrouler nos regroupements fixes ou avançants, quand nous pressentions que la chose allait arriver, en fonction de nos adversaires, nous préférions anticiper de nous-mêmes une mêlée spontanée[14]. Sachant qu'il faut se rappeler qu'avant que le porteur ait touché complètement le sol, le ballon devait systématiquement être lâché, sinon c'était aussi une pénalité.

Actuellement, au sol, c'est un réel plaisir, on peut le garder *ad vitam aeternam*. Le porteur fait souvent penser par son gigotement des mains, à un marin en train de faire des signaux de détresse avec ses drapeaux. Et, cerise sur le gâteau, l'homme couché est en plus autorisé à le passer à ses partenaires. Magnifique embellie !

J'ai déjà dit que je n'aimais pas la façon dont le Rugby est joué actuellement. Mais c'est en écrivant ces lignes que je me suis aperçu que j'aurais préféré, ou plutôt que nous aurions certainement préféré évoluer avec ces nouveaux règlements.

Le "Maul biterrois" que l'on pouvait faire tomber pour l'arrêter dans sa course, avait déjà été rebaptisé dans les années 1990 pour s'appeler à Bègles "La tortue" qui avançait tranquillement… Et sans tomber ! Et pour cause, c'était devenu interdit de le faire.

Comme déjà dit, j'ai un peu de mal à me remémorer les trois saisons de l'époque Pierrot entraîneur, à cause de mon absence aux entraînements pour raison militaire, d'une part, et, d'autre part, parce qu'à cette époque je jouais encore deuxième

---

[14] Mêlée ouverte au sol

ligne. En recherchant dans mes souvenirs, cette place de N°5 qui m'avait apparu comme un trou de mémoire, quand j'ai eu fini d'écrire cette fin de phrase, m'a conforté dans le choix du titre de mon livre "A la recherche du Rugby perdu..."

Je pensais, moi aussi, l'avoir oublié ce Rugby, car rien de marquant dans le jeu de cette période ne me venait à l'esprit...

Mais non je ne l'avais pas oublié !

Mais mon expérience de ce poste en deuxième ligne, me permet de dire que l'on n'a pas la même vision qu'avec celui de troisième ligne centre ou aile. On a la tête constamment coincée entre le pilier et le talonneur dès l'instant que se forme la mêlée. Votre champ de vision balaye le couloir central et les pieds de la première ligne d'en face, c'est tout. Pourtant on est bien sur le terrain, mais on ne voit pas tout ce qui s'y passe. Vos pieds sont décalés en position de poussée, comme posés dans des starting-blocks en attendant que le ballon soit introduit. S'ensuit l'introduction avec le coup de rein synchronisé du pack. Le ballon passe dans le couloir... Le boulot est fait. Le ballon gagné, il est joué directement par le demi de mêlée ou il passe entre les mains du troisième ligne centre. Le pressentant sorti de la mêlée, on part en soutien derrière les troisièmes lignes ou les lignes arrières, suivant l'évolution du jeu, pour continuer à enchaîner le plus longtemps possible ; évidemment, jusqu'à l'essai si l'on peut, ou jusqu'au prochain point de fixation où l'on arrivera le plus rapidement possible. C'est on ne peut plus simple et classique. Si ce ballon est joué par l'adversaire, le demi de mêlée crie « perdu ! » alors on se relève, et on part en défense derrière les lignes arrières et de notre troisième ligne.

Mais voilà, sur nos mêlées gagnantes, entre le moment où le ballon a été dans les pieds du troisième ligne centre et le reste de l'action, que s'est-il passé ?... Si je n'avais pas joué plus tard n°8, j'aurais pu écrire « rien ! », étant donné que je n'ai jamais rien vu au poste de deuxième ligne ; même si l'on sent les joueurs bouger, se lever, se détacher, et entamer ou pas un mouvement, quand la deuxième ligne se relève, le spectacle du départ est fini. Les cinq de devant ont "la tête dans le sac" si je puis dire, on ne voit rien, on imagine !

Bien sûr, comme ces départs étaient travaillés sans cesse à l'entraînement, on savait comment cela se passait, mais en match, rien ! De plus, les commandements étaient discrets, seuls les quatre concernés[15] savaient et ne nous annonçaient le numéro que lorsque le ou les deuxièmes lignes étaient aussi concernés. Mais en règle générale dès que nous nous relevions, nous prenions le morceau en cours, nous en devinions seulement les premières phrases musicales et continuions ensemble la partition.

En conclusion, par cette expérience personnelle, sachant que sur un terrain, dans une même équipe, avec les mêmes combinaisons auxquelles adhère tout un pack soudé et dont il résulte soit une victoire, soit une défaite, on n'a pas tous vu toujours exactement le même match. Cette réflexion sur ces points qui peuvent paraître sans grande importance *a priori*, m'ont fait comprendre pourquoi cette transmission verbale de tout ce jeu du Grand Béziers, n'a pu au fil des ans, se continuer. Car par des manques, des failles et des grands trous s'oublièrent des détails précis, déformant la gestuelle, dénaturant les mouvements, jusqu'à en perdre complètement le sens du jeu qui faisait notre force.

Il suffisait pour cela, avant l'entraînement suivant, quand nous commentions dans le vestiaire le match du dimanche précédent, d'écouter les remarques pour le comprendre. On défendait et on justifiait ses actions, mais on acceptait également ses erreurs. L'œil avisé du coach savait faire une

---

[15] Le demi de mêlée et les 3èmes lignes

juste synthèse, et on travaillait les défauts, que nous n'avions pas su voir.

Cette saison 1966-1967 finira également en 1/8 de finale du Championnat de France.

La saison 1967 commença par une tournée en Roumanie.

Durant les saisons 1967-1968 et 1968-1969, seront intégrés des juniors A en équipe première, ces noms feront la continuité de l'A.S. Béziers pour le troisième long et dernier tiers-temps des 25 glorieuses, mais nous ne le savions pas encore.

Il y eut également des recrutements extérieurs arrivant de petits clubs de la périphérie Biterroise et d'autres venant de très, très loin... pour l'époque ! Comme Richard ASTRE et Jacques CANTONI, les traîtres toulousains qui se faisaient copieusement siffler quand nous jouions au Stadium de leur ville rose. En résumé, ce fut une paire d'années de grands brassages, de mélanges divers, et surtout le début d'une cohabitation entre les très jeunes, avec des moins jeunes dont Dédé LUBRANO, Henri CABROL, Jean-Pierre HORTOLAND, Joseph NAVARRO, Georges SENAL et moi faisions partie.

Ces autres nouveaux noms, je vous les livre dans le désordre : Olivier SAISSET, Jean-Louis MARTIN, Alain ESTEVE, Christian PESTIEL, Elie VAQUERIN, André BUONOMO, Noël SEGUIER, Gérard LAVAGNE... Armand VAQUERIN, né en 1951, nous rejoindra, l'année de la première finale, l'année de ses 20 ans, et en 1973 nous rejoindront Alain PACO et Michel PALMIER.

D'autres également dont je ne me rappelle plus les noms, commenceront l'aventure, mais ne seront plus là en 1970. Ils arrêteront de jouer ou partiront dans d'autres clubs.

A la fin de la saison 1968, des événements se sont passés. D'abord en mai, à cause de la France en Révolution, la F.F.R a dû attendre trois semaines supplémentaires avant de faire jouer la Finale Lourdes-Toulon. Les juniors-A de Béziers pour leur troisième Finale, remportèrent le Frantz REICHEL contre le Biarritz Olympique à l'avantage de l'âge sur le score nul de 6 à 6. Et Pierre DANOS arrête l'entraînement de l'équipe première. Raoul BARRIERE le remplace.

Et Pierrot DANOS aura cette grandeur d'âme et d'esprit de conseiller régulièrement Richard ASTRE à Sauclières sur le jeu du demi de mêlée. Richard ne pouvait pas rêver mieux que d'avoir l'un des meilleurs professeurs au monde de ce poste à sa disposition.

Grand merci Pierrot ! Personnellement, ce fut un très grand honneur de jouer avec toi.

*

5

Raoul BARRIERE

Amélioration et Perfectionnement

Raoul commença le coaching de l'équipe première à partir du mois d'août 1968. Bien que l'ayant tous eu comme entraîneur en junior, et surtout le connaissant très bien, nous comprîmes que nous n'aurions pas de traitement de faveur pour acquérir ce qu'il espérait et dont il rêvait : une grosse condition physique, base de tout sport, certes, mais là il démarra fort. Il y avait quand même de sérieuses similitudes entre notre entraînement et celui des G.I. Mais eux c'était leur métier et ils avaient droit à du repos, alors que nous, nous étions là pour le plaisir, et en plus on avait notre boulot !

Les lendemains d'entraînements étaient durs. Mais que dire ? Ou quoi lui dire ? Sachant que Raoul faisait, avec deux décennies de plus, tout le physique avec nous !

Il montrait l'exemple et nous ne voulions pas être ridicules. On se disait : *« S'il le fait on doit pouvoir le faire !... »*

A la recherche du Rugby perdu...

Nous travaillâmes la musculation sur le terrain avec du matériel sommaire et transportable[16], pour un travail d'entretien physique naturel, et non pour la photo du calendrier de fin d'année. Raoul disait qu'en forçant le volume de sa musculature, on ne parvenait plus à avoir une bonne gestuelle, et à faire de bonnes passes.

Il avait déjà raison, avant l'heure !

Nous faisions des squats[17] appuyés au grillage du stade avec comme charge un partenaire de même poids sur les épaules. Quant aux abdominaux c'était le quart d'heure de calvaire où tout le monde "Honnêtement", si je puis employer ce contresens linguistique, "Trichait un peu". Bien sûr qu'il le voyait, mais après une remontrance ou un cri un peu plus fort, quoique la tonalité de commandement était toujours à bon niveau, il tournait un peu la tête, mais pas trop vite quand même, en signe de compassion.

Jacques CANTONI faisait les premières pompes ou tractions sur les mains, mais enclenchant la quatrième (Pompe), il continuait sur les avant-bras. Raoul ne regardait jamais dans sa direction ou faisait semblant de ne pas le voir.

S'ensuivait après le footing pour travailler l'endurance, les ateliers de résistances avec le fractionné[18], puis on passait aux gammes du pianiste, nos gammes, c'est à dire les allers et retours de terrain avec des alternances de vitesses et de positionnements avec passes de balle, que l'on ne devait jamais faire tomber sinon on remettait le compteur des allers et retours à zéro !

Nous faisions du joug[19] et nous travaillions les introductions, pendant que les trois quarts s'entraînaient au jeu

---

[16] Médecine Ball, cordes à sauter
[17] Travail des cuisses et des fessiers
[18] Vitesse et longueur de courses combinées
[19] Appareil pour travailler la poussée en mêlée

au pied (à taper). Suivaient les séries des pneus[20]. Puis c'était la répétition des touches, lanceurs, sauteurs, et à nouveau les mêlées mais sur le terrain, avec opposition pour l'ensemble de ces répétitions des phases statiques, l'exécution des combinaisons et leurs enchaînements. Mais...

MALHEUR A CELUI QUI TOMBAIT LE BALLON !... IL VALAIT MIEUX QU'IL DEBRANCHE LE SONOTONE !

Raoul arrivait souvent avec une nouvelle idée à l'entraînement. Il nous l'expliquait, on essayait de la mettre en place en la travaillant, et puis nous la testions en match ; s'il le fallait, on rectifiait le tir, ou on la peaufinait. Notre glossaire du savoir augmentait régulièrement. En principe, c'était le vendredi soir au second entraînement de la semaine, plus court et plus technique, que nous répétions "Le spectacle" pour le dimanche. On mettait au point quelques détails, et notamment la défense, en fonction de ce que nous savions sur les qualités et les points forts des prochains adversaires.

Nos rencontres avaient lieu le dimanche à 15 heures. Quand elles étaient à l'extérieur, il y avait toujours un match d'ouverture. En principe c'était l'équipe junior ou la réserve du club recevant qui jouait. Nous regardions toujours ce match avec la plus grande attention, car le plagiat rugbystique est contagieux entre l'équipe première et toutes les autres équipes du club. Si nous observions quelque chose de spécifique, nous pouvions alors parler des dispositions à prendre en fonction de ce que nous avions vu et de ce que nous pourrions éventuellement faire pour les contrer.

Pendant les deux saisons 1968-1969 et 1969-1970, nous travaillâmes dur, tant physiquement que techniquement, en répétant et répétant inlassablement les mouvements indivi-

---
[20] Ensemble de pneus fixés pour travailler percussion et tenue de ballon

duels, les mouvements collectifs, jusqu'à arriver à jouer les yeux fermés. Nous aurions pu déjà en 1970 aller plus loin que les 1/8 de finale, mais nous perdîmes à nouveau contre Brive à cause d'une erreur d'arbitrage - mais il paraît qu'il n'y en avait pas ? - Il restait une poignée de secondes à jouer !

Jugez plutôt :

BESSON, le ¾ centre de Brive, fit un coup de bluff à CANTONI alors qu'il avait aplati calmement en posant les mains sur le ballon qui roulait dans notre en-but et le prenant immédiatement dans ses mains la règle nous octroyait un renvoi au 22 mètres. BESSON, lui arrachant la balle des mains, aplatit à nouveau. Le siffleur de service, prit en compte ce second geste et accepta l'essai du filou et coquin, entre les poteaux.

Nous, nous voyions déjà en "Quart" de finale. Le rêve s'estompait, et nous eûmes droit à un autre "Car", celui qui nous ramena bien tristement à Béziers.

Un soir d'automne à Toulouse...

Les Brivistes étaient, et l'on ne savait pas pourquoi, la bête noire de l'A.S.Béziers.

Nous avions été battus par eux les années précédentes en phases éliminatoires en 8ième de finale du championnat, et ils étaient venus également à Béziers sur notre pelouse le 05 Janvier 1969 nous battre 9 à 8, après 11 ans d'invincibilité, un premier beau record jamais égalé. Record qui sera à nouveau battu par Béziers qui s'auto-succèdera, en étant à nouveau invaincue à partir de ce maudit jour jusqu'au 11 octobre 1982, soit 11 ans et 9 mois de plus. Rectifions donc... Pas un, mais deux beaux records.

Les Brivistes nous pourrissaient la vie, ou plutôt le jeu. Il y avait quelques briscards dans cette équipe, et un jour, après le redécollage de Béziers, conversant avec André GAYRAUD[21] il me dit : « Ces Brivistes, à l'époque, nous les faisions courir comme des coquins, ils partaient comme des lapins »[22]

Après cette affirmation, dont je ne peux douter de son authenticité, tout s'éclairait. Une fois que de la période de 1961 les joueurs les plus réputés pour leur tempérament très viril et fougueux avaient arrêté leur carrière, les bafoués Brivistes d'antan prenaient leur petite revanche sur les jeunots que nous étions, certes aux physiques impressionnants, mais entraînés pour jouer et non pour se battre. J'ai d'ailleurs toujours entendu cette simple consigne contre des équipes dont on savait qu'elles cherchaient à nous provoquer pour nous empêcher de jouer, et bien sûr irrégulièrement, et souvent avec la "Mauvaise vision des hors jeux que Monsieur l'arbitre ne sanctionnait volontairement pas." Au fond du vestiaire résonnait une formule : *« Aujourd'hui ils vont nous provoquer ! Alors ! Les mains dans les poches quoi qu'il arrive, pour gagner il faut marquer des points, pas se servir des poings »*

En 1970 le Stade Toulousain créa un nouveau challenge appelé : "Le Bouclier d'Automne" Huit clubs y participaient sur invitation. Trois soirées, quart, demi et finale. Je ne me souviens plus si c'était en quart ou en demi- finale, mais ce dont je suis sûr c'est que nous jouions une fois de plus contre le C.A. Brive.

Selon leurs bonnes habitudes, ils nous bousculaient irrégulièrement, je crois que nous étions menés de quelques points, et tout à coup, dans une mêlée ouverte, un de nos partenaires se fait carrément piétiner sous les yeux de l'homme en noir, qui ne peut faire autrement que de siffler la pénalité. Et là, ce que j'écris ici est la stricte réalité de ce qu'à cet instant précis j'ai personnellement ressenti : le besoin impérieux d'une "révolte".

---

[21] 2ème ligne légendaire de l'époque 1961, surnommé le facteur

[22] Ce n'est pas au mot près, mais c'est le thème et la description de la conversation.

En a t-il été de même pour le reste du pack ? Honnêtement, je ne sais pas. Ont-ils tous ressenti le même besoin de se faire, entre guillemets, justice ? Honnêtement, je ne sais pas non plus. Y avait-il eu une communion de pensées pour jouer au chevalier Rouge et Bleu ? Honnêtement ! Oui, je crois... Mais tout cela inconsciemment.

Il faut savoir que nous tentions quasiment toutes les pénalités, celle-ci était, disons, à une quarantaine de mètres environ en face des poteaux, je ne sais plus qui a ramassé le ballon, et l'a jouée à la main. On est parti entre avants, on est allé droit sur eux en percussion et passe courte, à la régulière. On leur rentrait dans le lard, enchaînant des mouvements que nous faisions d'habitude mais de façon plus timorée. J'ai personnellement ressenti un déclic dans l'équipe, à cet instant précis, nous étions en pleine confiance, des minutes de folies où quand le jeu s'arrêtait, on repartait de plus belle avec la même fougue, la même hargne, la même soif de s'imposer, de gagner.

Ce que nous savions se mettait en pleine lumière, le pack avait fini son rodage, le moteur était dégommé, il venait de trouver sa pleine puissance.

Ceux qui étaient présents sur le terrain, pourraient me dire, que le jeu que nous avons fait ce soir-là, était habituel ! Je leur répondrais, Oui ! C'est vrai ! Mais qu'ils se rappellent aussi, de la façon dont on devait jouer. La consigne était intransigeante : La sécurité absolue. On tentait toutes les pénalités, même avec de grandes avances au score ; nos lignes arrières n'attaquaient qu'à partir d'un certain positionnement sur le terrain, etc. etc. On assurait le tableau d'affichage. Or ce soir-là, cette pénalité... On ne l'a pas tentée, on n'a pas mis non plus le ballon en touche, on n'a rien fait à cet instant d'habituel convenu.

Nous avons tout simplement fait exploser notre jeu avec une intensité indicible, avec notre jeunesse, notre technique, notre physique, et une prise de confiance qui complétait le niveau de notre évolué savoir rugbystique, et ce dans la plus stricte application du règlement. De perdants et malmenés que nous étions, après cette rébellion ordonnée, nous sommes passés gagnants et dominants. On s'était émancipés. On a vaincu "sans arme, sans haine, sans violence" avec le savoir et la foi en notre jeu, et un simple ballon en main.

Ce soir-là, ce trésor rugbystique que l'on avait amassé à petites doses dans le coffre commun du savoir, comme un génie qui sort de sa lampe, ce savoir est sorti spontanément pour nous guider en faisant briller de tous ses feux "Ce JEU", qui d'ailleurs nous rendra invincibles pendant trois ans et demi jusqu'au 18 février 1973 à Castres. **Pas un seul match perdu, toutes compétitions confondues.**

Le verre de l'amitié, après ce match du Bouclier d'Automne avec "nos ennemis adorés" fut réjouissant. Ils resteront depuis ce jour "nos adversaires préférés", jusqu'à venir faire sur l'invitation d'Armand VAQUERIN, son jubilé en 1993 au Stade de la Méditerranée. Cette rencontre nous permit d'aller y paître l'herbe à 15 h, et le soir d'aller vider les abreuvoirs des arènes dans la grande fête qui suivit.

Ce jour-là, tous ces anciens "Toros" braves et calmes que nous étions devenus, se sont rencontrés sans cornes affûtées, ni naseaux fumants, ni ruades, et sans gratter avec les pieds avant la charge, la pelouse d'un Stade où ces Brivistes n'avaient jamais eu encore l'occasion de jouer et de perdre. Mais s'ils furent certainement moins effrayés que de jouer à Sauclières, ils ne gagnèrent toujours pas. Une seule fois suffisait. Cela me fit dire le soir entre amis de retrouvailles : « *Avec nos meilleures intentions, décidément, nous n'arrivons plus à perdre contre vous ! On ne sait plus comment faire pour vous faire gagner !* »

La saison 1970 - 1971 se termina avec la fameuse finale Béziers - Toulon au stadium de Bordeaux. Nous avions une moyenne d'âge de 22/23 ans, les Toulonnais étaient beaucoup plus âgés, et plus aguerris que nous. Ils avaient une pléiade d'internationaux. Leur capitaine, André HERRERO, d'habitude jouant $3^{\text{ièm ligne}}$, jouera $2^{\text{ième ligne}}$. Ils étaient bons devant, ils étaient bons derrière, ils avaient une superbe troisième ligne avec un autre capitaine, et pas le moindre, celui de l'équipe de France, Christian CARRERE. Fournis en touche avec de très bons sauteurs, un bon buteur, complets dans tous les domaines, rugueux, voire volontairement agressifs pour vouloir nous impressionner, doublé chez certains Varois de leur rituel et coutumier vocabulaire, qui n'étaient que du bluff par des phrases imbéciles, mais je tairai leurs propos, pour ne pas salir l'image entière de l'équipe. Certains joueurs volaient très bas, si près du sol, qu'ils finirent par en manger l'herbe.

Nous, nous avions la condition physique, la technique, l'envie, l'espoir, et l'inconscience de notre jeunesse à leur opposer. A notre désavantage, l'inexpérience de ces grands matchs que l'on ne doit pas perdre.

Ils jouaient durement, disons même brutalement, et en même temps ils se faisaient passer pour des victimes, auprès de ce très bon arbitre qu'était Monsieur DUBERNET[23] D'ailleurs il viendra nous voir en qualité de spectateur aux autres finales que nous jouerons les années suivantes.

Le temps était chaud et lourd. Certainement qu'étant plus jeunes nous résistions mieux à ces conditions météorologiques. Je me souviens en début de partie, sur un arrêt de volée, que l'on pouvait faire à l'époque à n'importe quel endroit du terrain, arrivant avec du retard sur le marqueur - celui qui avait crié « Mark ! » pour le valider tout en frappant le terrain avec

---

[23] Heureusement ! Il existait quand même de bons arbitres

un des deux pieds, André HERRERO arrive comme un fou sur lui, les bras écartés en poussant un cri de fauve, comme s'il allait avaler notre coéquipier. On aurait dit qu'il était dans un état second. Tous faisaient du grand art théâtral pour nous démoraliser. Voyant qu'ils n'y arrivaient pas, à force ils ont joué la grande scène "celle de la mort du cygne" pour nous faire supprimer certainement le permis de chasse... Le permis de jouer à l'un de nous. Sur une mêlée ouverte, André HERRERO ne se relève pas. L'éponge arrive. Il est cloué au sol... Puis il se lève mais il ne peut plus marcher... Puis il marche soutenu par leur porteur d'éponge et leur médecin. Puis il se fait emmener sur le bord de touche, et commence une rééducation publique. On le promène soutenu par l'assistance médicale comme on promène les vieux pour leur faire prendre le soleil. Un bruit circule : « Il a des côtes cassées ! A terre il a pris un mauvais coup de pied volontaire. C'est ESTÈVE !.. C'est SENAL !... C'est SAISSET !... C'est ARMAND !... . C'est Untel !... C'est tout le monde ! »

En fait, c'était personne, avec le temps au sein d'une équipe tout arrive à se savoir, les images en noir et blanc repassées des dizaines et des dizaines de fois n'ont rien donné. Dans les mêlées ouvertes, les consignes et nos automatismes voulaient que l'on ne lâche pas le ballon des yeux, et les premiers joueurs arrivés allaient au sol ; donc étant donné que le ballon était déjà posé au sol, le moindre geste d'une main, d'un pied, d'un bras qui bouge se remarque inévitablement. Que dans cet amas informe quelqu'un de notre camp ou du sien lui ait appuyé involontairement sur une des côtes, provoquant une fêlure, ou une cassure, c'était du domaine du possible, car dans ces types de mêlées cela arrivait, mais assez rarement ; par contre impossible qu'il ait reçu un grand coup de pied qui lui aurait cassé deux côtes, comme cela a été immédiatement propagé. Je pense qu'il faudrait un sacré élan pour y arriver, il aurait fallu quelqu'un de lancé et tapant très fort, tel un buteur frappant le ballon sur le Tee… Avec des pieds au sol, c'est infaisable.

Il n'y aura aucune pénalité sifflée contre nous en faveur de Toulon. Donc l'arbitre non plus n'avait rien vu. Personne, même sur blessure, n'avait droit dans ces années-là à des remplaçants. En tous cas, s'il a vraiment eu un problème de côtes, et vu qu'en qualité de capitaine il n'abandonna pas le navire, il restera sur le terrain jusqu'à la fin du match, je lui tire bien bas mon chapeau !… Sinon, c'était bien essayé, mais raté.

J'ai eu une demi-réponse à cette histoire qui dédouane l'A.S.B. Il y a quelques années, j'avais été invité par l'agglo du Bassin de Thau incluant SETE pour assister à une conférence de Daniel HERRERO sur le management. Mais n'étant plus concerné par cela, par sympathie et correction je promettais d'y aller en fin d'après-midi pour dire un petit bonjour au sympathique tribun.

Quand il finit son exposé j'applaudis, et on vient me chercher pour le saluer. Embrassade, c'est la mode maintenant, en souriant je lui dis : « C'est la première fois que j'applaudis un Toulonnais » Il me répond : « Tu es en retard sur moi, en 1971 j'en ai applaudi un de Biterrois… Tu peux le voir sur la cassette du match !… Quand SÉGUIER marque ce magnifique essai, après cette magistrale course ! »

– Daniel ! A propos de ce match, je tenais à te dire que personne d'entre nous n'a donné un coup de pied au sol à ton frère ; dans une équipe, à la longue tout se sait, mais là franchement, on a passé la cassette du match plusieurs fois, on ne voit rien et aucun des joueurs n'a jamais dit quelque chose sur le sujet !

– Je sais ! Je sais ! Je sais !… me répondit-il, mais il ne m'en dira pas plus.

Le mystère reste entier, mais dans la famille ou entre Toulonnais, ils connaissent la vérité. Nous les Biterrois, nous voilà lavés de tout soupçon quarante cinq ans plus tard.

Par contre que dire de la terrible cravate[24] sur Jacques CANTONI dans sa relance d'une position de terrain où d'ailleurs nous n'attaquions jamais, qui pourtant n'empêcha pas le coup de génie du GRAND JACK, qui permit au GRAND SÉGUIER de marquer l'essai de l'égalisation après un cadrage débordement majestueux et une course de 60 mètres ? L'essai ne valait que 3 points, et comme il ne fut pas transformé, nous eûmes droit aux prolongations. Cette cravate volontaire, en pleine vitesse, faite sans retenue, par contre était bien visible, réelle et extrêmement dangereuse. Durant toute ma carrière de joueur je n'en ai pas vu une autre aussi violente.

Nous gagnâmes le match dans les prolongations. Les Toulonnais baissèrent les bras, et baissèrent d'intensité, ils étaient démoralisés. Sur un terrain cela se ressent. Nous avions marqué deux essais, et eux que des coups de pieds. Un léger crachin de quelques minutes tomba sur le gazon. L'humidité fit sortir de la pelouse en souffrance, griffée et labourée par les crampons, ce parfum des prairies verdoyantes ou des champs fraîchement labourés de notre bon terroir, que l'on ne peut respirer au milieu des villes bétonnées que sur les terrains engazonnés de leurs grands stades.

Dans ces enceintes surchauffées par une foule qui embrase et supporte par les chants son équipe, dans les senteurs authentiques du naturel humus se mélangeant aux désagréables odeurs du pack transpirant et fumant comme des bœufs en labour épuisés, se jouent les derniers instants du combat. Une aura opaque se forme autour de cette mêlée, et elle enveloppe nos corps ; c'est avec une vision troublée, que nous animons encore l'acte du dernier tableau. Dans cette ultime mêlée, si la force adverse s'oppose faiblement, ne résiste plus, recule même légèrement sur notre petite avancée de seulement trois petit pas, ce moment magistral et indicible laisse entrevoir un

---

[24]Geste d'un bras tendu qui plaque à la gorge l'adversaire

rêve, et même s'il reste encore une pincée de sable à jouer, à cet instant, vous sentez que la victoire vous est acquise, ce jour-là, à ce moment-là, on savait que l'on était Champion de France.

Cent minutes de jeu ! Au coup de sifflet final, de fatigue, on s'écroula sur le terrain. Première finale, première victoire, premier Brennus, première joie, premières vraies souffrances... Nous savourions ce sommet de gloire, que nous pensions physiquement ne pas pouvoir renouveler. Nous pensions à tout, sauf que notre aventure ne faisait que commencer !

Si je me suis attardé, en parlant de cette finale, sur l'incident de jeu, avec la blessure du capitaine de Toulon, c'était pour vous en repeindre le décor et expliquer la mauvaise image qui fut véhiculée sur notre équipe. Cet incident a-t-il eu une influence sur notre réputation ? Ou a-t-il servi à nous faire craindre ? J'ai envie de dire les deux !

Cette finale de Toulon donna à nos divers futurs adversaires des possibilités qui paraissaient évidentes pour s'attirer dans nos rencontres, et surtout sur leurs terrains, les bonnes grâces des medias dans les articles d'avant-match de la presse locale, la sympathie du corps arbitral, et le soutien sans faille de leurs publics. Il y avait dans ce type de "match conditionné" de constantes provocations et beaucoup d'antijeu.

Le tout servait à limiter le nombre de nos points sur le tableau d'affichage marqué Visiteur.

Le Championnat comprenait huit poules de huit équipes, avec un mélange hétéroclite de clubs équivalent aux niveaux allant du top 18 de l'époque à la Pro D2 de maintenant. L'ampleur des scores était souvent énorme, et heureusement pour les plus faibles, l'essai ne valait que trois points.

Et nous, nous avions trois simples choses à faire : jouer, marquer, gagner. C'est ce que nous fîmes pendant trois ans sans perdre un seul match.

Tout en ne pouvant faire autrement que de reconnaître nos victoires, beaucoup de commentaires étaient peu flatteurs, à commencer par la critique des medias sur notre style et sans avoir visualisé nos matchs, qui en plus n'étaient pas dotés des moyens techniques actuels du ralenti et du replay. S'autoproclamant grands spécialistes du savoir rugbystique, comme l'oligarchie dirigeante et arbitrale de la F.F.R, tout ce «Beau monde !» prétendait que nous étions un pack de joueurs "non athlétiques, Lourdauds – Fonceurs – Brutes – Violents - en résumé des Tueurs" autant d'adjectifs déplaisants et infondés, prétendant que l'on trichait, en cachant le ballon.

C'est l'arbitre Francis PALMADE qui éventa la chose en 2011, l'année ou l'A.S.B fêtant son centenaire, le club invitait à chacun des onze matchs du Championnat, les joueurs des onze titres, ayant par année de victoire remporté le Bouclier de Brennus.

Pour cette finale Béziers-Narbonne et ce titre de 1974, était donc invité également l'arbitre Francis PALMADE. A table, au cours du repas il nous avoua, que la F.F.R et le Staff Arbitral de l'époque nous soupçonnaient de tricheries. Nous n'en fûmes pas surpris. Nous nous en étions toujours doutés, il ne faisait que nous confirmer une certitude, car certains arbitres nous le faisaient comprendre avant le match.

Avec cette consigne arbitrale injustifiée, de temps à autre on se prenait un coup de sifflet pour des fautes imaginaires par "un obtus confrère de PALMADE officiant" qui dans l'incompréhension d'une phase de jeu, par la rapidité et la soi-disant invisibilité du ballon, suivie d'une finalité orchestrée avec des transmissions au près, était tout à coup perdu dans cette soudaine découverte d'un jeu qu'il ne connaissait pas. Alors dans sa lente réflexion, une voix intérieure devait lui rappeler et lui murmurer : *« Fais le contraire du proverbe, dans le doute ne t'abstiens pas !... Siffle ! Siffle ! Siffle ! »*

Et en tant que bon arbitre il obéissait aux voix intérieures de son grand dieu, le corpus arbitral, avec un sourire au coin des lèvres et dans la béatitude d'un divin bonheur... Il obtempérait.

Ce brave Francis, nous avoua aussi que faisant partie de la commission des arbitres, il avait, pour ne pas - je le cite - « *Nous pénaliser sans savoir !* », proposé de venir avec une délégation à Béziers, pour que l'on montre au cours d'un entraînement, à ces messieurs, le pourquoi du comment de nos trucs !... Il paraît, nous a t-il dit, que la plupart refusèrent. Moi, je pense que c'est par orgueil, amour-propre, ou autres raisons de fierté mal placée, que cela ne s'est pas fait. S'ils étaient venus, Raoul aurait eu une idée, ou une astuce pour les mettre à contribution et certainement les ridiculiser en leur faisant faire des mouvements à pleine vitesse. Des arbitres maladroits qui tombent le ballon, et se cassent la gueule, cela aurait fait désordre et incompétence. Et on aurait pu s'attendre au pire plus tard de leur part quand ils nous auraient arbitrés. A mon humble avis il a mieux valu qu'ils se soient abstenus.

Nous a-t-il dit cela sur ses collègues pour montrer qu'il n'était pas comme eux ? Qu'il avait toujours été au-dessus de la mêlée, de cette saugrenue idée, et avec l'espoir de ne pas repartir ce jour-là avec du goudron et des plumes ?... Mais les vrais gentlemen ne font pas ce genre de chose, cher Francis !... Ils sourient, lèvent leur verre... Et trinquent. Sa conscience rugbystique envers Béziers fut, à partir de cet aveu, certainement en paix. En tout cas une faute avouée est toujours à moitié pardonnée... Cela n'a plus d'importance, il y a prescription, on lui accorde la totalité du pardon !...

*

6

Raoul BARRIERE et Jean SARDA

Pour la saison 1971-1972 Raoul BARRIÈRE qui s'occupait de l'ensemble de l'équipe, avants et trois quarts, s'appuya sur le plus ancien des joueurs qui était encore dans l'équipe : Jean SARDA surnommé le violoniste à cause de sa tête légèrement en biais comme s'il y coinçait un violon avec son épaule. Il était le plus vieux des joueurs et on lui disait avec humour : « *Jeannot ! Tu nous fais monter la moyenne d'âge.* » Il était né en 1941.

Au club depuis la fin des années 1950, bien qu'évoluant de temps à autre en équipe première, il fut trop jeune dans les années 1961-1964 pour participer aux finales. Nous jouâmes ensemble à partir de 1965. Il avait, en plus de sa vitesse et de sa technique, une qualité super importante : "La Vista du jeu". Il organisait sur le terrain les trois quart en attaque et en défense, et il voyait rapidement en cours de match les points faibles et les points forts de l'adversaire. Bon plaqueur, il avait obtenu en mai 1971 ce dont il rêvait depuis 1961 : Le Graal ; son premier titre de Champion de France. Il en aura en 1972 un second.

Raoul ne s'était pas trompé, il lui confia la "gestion" des lignes arrières, et bien qu'il fut super copain avec nous, ses coéquipiers, dans le même état d'esprit que Raoul qui était quand on ne le connaissait pas un homme à l'abord... inabordable, pas commode et froid pour faire court ; mais on ne peut plus communiquant, chaleureux, et aimant rire en équipe et en déplacement, quand on le connaissait. Et ce surtout dans le car, quand après s'être mis en survêtement et avoir fait sa petite sieste, à son réveil, tout en remontant ses bretelles[25], debout entre les rangées des fauteuils, il se mettait à raconter, à ceux qui ne jouaient pas au tarot ou à la belote, des histoires de personnages du Rugby qu'il avait connus et côtoyés au temps jadis. A force d'entendre leurs mésaventures, ils nous devinrent familiers.

« Untel ! Qui était obligé de passer à plus de 20 ans son certificat d'études pour rentrer dans un poste de l'administration, sachant juste lire et écrire, de stress mâcha le jour de l'examen tout son crayon en bois... Ses études pour une carrière administrative l'ont rendu malade, on a dû l'opérer de l'appendicite... »

Je raccourcis les commentaires. Puis il enchaînait avec d'autres mésaventures de ce même joueur. Et en racontant cela, comme Raymond BARTHÈS, il se marrait comme un gamin.

Puis venait le moment des histoires qui débouchaient sur des thèmes plus sérieux, il faisait un détour pour y arriver. *« Dans les années d'après-guerre, tous les joueurs et les dirigeants mangeaient ensemble après les entraînements. Au cours de ces repas, l'entraîneur et le président composaient l'équipe pour le match du dimanche suivant. Ils observaient d'abord ce que mangeait chaque joueur, et surtout les avants,*

---

[25] Les nôtres il les remontait à l'entraînement quand on tombait un ballon.

puis à la fin du repas ils se consultaient en faisant le point sur les quantités qu'avaient englouties les pré-élus...

Le pilier untel a mangé six œufs durs, de la charcuterie et il a repris deux fois du cassoulet, il n'a pas été fainéant avec le fromage et les pâtisseries... Bon c'est bien ! On le met dans l'équipe, il est en forme, il pète la santé... Un autre untel, lui il n'a fait que grignoter, deux œufs durs, et qu'une assiette de cassoulet, pas de fromage et juste une part de tarte ! D'habitude il mange mieux... Il doit être fatigué. Non ! On ne le met pas sur la feuille de match, il ne sera pas en forme, il n'aura pas la condition physique... » Il faisait durer l'histoire pendant un long moment, en rajoutant de nombreuses anecdotes. Raoul se marrait comme si c'était à lui qu'on la racontait et qu'il l'écoutait pour la première fois. Il profitait de sa longue introduction pour nous placer derrière ce moment de détente un cours. Ça démarrait par : « *A table, on perd du temps, il faut y rester le moins possible* » puis il enchaînait sur la diététique, avec ses bienfaits et les conseils s'y rapportant ; il ouvrait le chapitre des lipides, des glucides, il insistait sur les abstinences que nous devions faire, et plus particulièrement sur les plats en sauce riches de tous ces aliments et produits néfastes pour notre condition physique. Il enchaînait sur l'anatomie du corps, la musculation, la chiropractie, l'ostéopathie, l'acupuncture et finissait sur la récupération, la sophrologie... si nous avions un petit bobo, nous étions, après ces développements, presque soignés sans avoir consulté aucun médecin.

Si nous connûmes tout un tas de ses histoires et les noms de leurs personnages avec leurs petites aventures burlesques et marrantes, nous n'en connûmes presque jamais l'aspect physique car des photos à cette période il n'y en avait pas beaucoup. Mais par la description que Raoul nous en faisait - et il adorait ça - on pouvait se les imaginer.

Si Raoul aimait rire, il ne confondait jamais détente et travail, si je puis employer ce second terme. L'emploi du temps du week-end en déplacement était « rituélique », et comme la diététique était son dada, la veille des matchs, le repas était sobre.

A 22h extinction des feux... Au lit ! Mais certains se regroupaient discrètement et silencieusement dans une chambre pour continuer à taper le carton, jusqu'à une heure avancée.

Le lendemain matin, après avoir pris le petit-déjeuner : détente. Il fallait par contre être à 11h impérativement à table pour le repas dit sportif ; toutes les équipes en France mangeaient à la même heure, la même chose : jambon blanc, steak grillé, purée, fruit et yaourt, avec possibilité toutefois de manger un second steak.

Sur le plan nourriture, tous les clubs étaient sur un pied d'égalité. Pour les spécialistes de la nutrition, ce menu était l'idéal "carburant" avant une compétition, et ils interdisaient formellement : *Surtout ! Surtout ! ne pas manger des pâtes !*... Jusqu'au jour où, la recherche en biologie ayant fait des progrès, on s'aperçut que les viandes grillées chargeaient le corps en mauvaises toxines et que les pâtes interdites hier, étaient *Surtout ! Surtout recommandées aujourd'hui !* parce qu'elles contenaient des sucres lents bénéfiques pour les efforts... Cherchez l'erreur !... Personnellement, jusqu'en 1981 je n'ai connu que le jambon-steak(s) - purée. Pour ne pas perdre la face après cette erreur de diagnostic, les diététiciens trouvèrent l'excuse de dire que les sucres lents il faut une douzaine d'heures avant qu'ils fassent effet, donc manger des pâtes trois heures avant un match, cela ne servirait à rien... Et le matin au petit-déjeuner ? Pourquoi pas ?

Le repas terminé, quelques parties de cartes se réorganisaient. Ensuite nous partions au stade en car, trajet programmé pour arriver entre 13h30 et 14h, comme quand nous jouions à Sauclières. En Du Manoir, la coutume était différente, les deux équipes mangeaient toujours ensemble avant, sauf pour la finale, c'était après. Cela se passait à Paris au Domaine du Croix Catelan qui appartenait au Racing Club de France, organisateur de ce Challenge.

Dans ce car, certains parlaient, d'autres se concentraient, et Raoul commençait à stresser, il devenait inabordable. Lorsque nous approchions du stade et que nous commencions à rouler plus lentement, on regardait cette foule aux couleurs du club recevant, se presser vers les entrées, mélangée aux porteurs d'écharpes et de drapeaux rouges et bleus qu'agitaient quelques têtes connues. Cela nous laissait penser comme l'annonçait parfois l'un d'entre nous ayant reconnu des physionomies biterroises *« Aujourd'hui on aura des supporters »* Paradoxe de ce moment, inconsciemment, cette présence nous rassurait, car on ne passerait pas un après-midi à n'entendre que des sifflets hostiles venant des tribunes, mais un mélange de cornes de brumes, de trompettes et de tambours, rythmant des chants de Béziers, qui s'élèveraient au milieu des tournoyants drapeaux rouges et bleus de nos fiers, heureux et fidèles supporters.

La saison 1971-1972 fut la continuité de la précédente, avec de nombreux sélectionnés en équipe de France. J'en ai déjà parlé, et comme j'ai eu très peu de sélections, je n'ai pas de vécu dans le milieu de l'équipe de France. Je n'ai donc pas grand-chose à en dire, ni aucun parallèle à faire, si ce n'est que c'est un milieu complètement différent, avec une autre façon d'aborder le Rugby, où je n'y ai connu qu'un entraîneur incapable de faire une phrase cohérente, qui savait simplement dire en tapant son poing droit dans sa main gauche : *« On y va, on rentre dedans ! Aujourd'hui on rentre dedans ! »* Programme explicitement imagé dont il vous appartenait d'en improviser le scénario, les dialogues et la musique. C'était un film muet, nous étions habitués à la comédie musicale.

Un vrai changement !... Je vous en parlerai un peu plus loin.

A Béziers nous continuions les rythmes d'entraînements, et enchaînions les matchs y compris ceux du challenge Du Manoir dont nous avions été exclus l'année précédente pour avoir fait jouer en toute bonne foi un joueur ayant signé à Béziers, dont la licence pourtant acceptée par télégramme par la F.F.R, était arrivée avec un décalage de 24h ou 48h pour un match de ce challenge. L'adversaire dont je ne me souviens plus le nom du club émit un recours, et gagna ce match sur le tapis vert. La F.F.R, heureuse de nous "emmerder" une fois de plus, nous fit exclure du challenge pour une année.

Nous étions en équipe première dix sept ou dix huit sur la feuille de match, mais nous n'étions que quinze à pouvoir rentrer sur le terrain et tenir la distance pour ces entières et pleines quatre-vingt minutes. Les changements étaient interdits en cours de partie, même pour remplacer un blessé. Le règlement s'était assoupli pour les matchs internationaux avec un remplacement sur blessure possible après confirmation du corps médical. Cette mesure arrivera quelques années plus tard pour les clubs.

Dans les années où l'on jouait de la première à la dernière minute sans aucune possibilité de pouvoir se faire remplacer, cela faisait dire à Raoul : *« Je vous autoriserai à sortir du terrain que si vous avez la tête sous le bras ! »* Je vous rassure ! Il n'y a jamais eu de sortie d'homme sans tête ; même blessé, on restait pourtant sur la pelouse. Je ne vous parle pas d'arcades ouvertes, de lacérations de crampons, d'œil au beurre noir, d'hématome, ou d'autres petites blessures dans ce style qui n'empêchent pas de courir, et ne sont que des petits bobos, mais je pense à des choses plus douloureuses et handicapantes telles que, une entorse ou une clavicule déboîtée pour lesquelles la guérison devait être presque subite, donc miraculeuse : bandage pour la première, remise en place pour la seconde. Les blessures étaient enrubannées dans de l'élastoplast, et comme disait la pub de "Mars" : *Un coup d'éponge et ça repart...* jouer, ou plutôt *ça repart...* pour être encore présent à son poste même comme figurant.

En fait, il n'y a que pour des fractures qui étaient vraiment de grosses blessures, que nous avons fini, bien que très rarement, à quatorze. Mais jamais un blessé n'a pris sa tête sous son bras, ni ses jambes à son cou pour sortir plus vite... Dans les cas les plus graves - je ne me souviens pas de cas importants - c'est avec l'aide de quatre brancardiers pouvant être des coéquipiers ou des adversaires et sur une simple civière, faite de deux longs bâtons qui tendaient une toile résistante, sous les applaudissements des spectateurs des deux camps, que le joueur gravement blessé regagnait les vestiaires. Ces brancards sommaires rappelaient les péplums où l'on sortait des arènes les gladiateurs blessés.

Comme nous n'étions qu'une vingtaine à évoluer en équipe première, il y avait eu des changements en fin de saison en fonction justement des blessés et du partage des postes. Ainsi à cette fin de saison 1972 au talonnage André LUBRANO fit la finale du Du Manoir, et Elie VAQUERIN, celle du Championnat, le Brennus. Jean-louis MARTIN et André BUONOMO, blessés à la première finale de 1971, remplacèrent Jean-Pierre HORTOLAND et Christian PESTEIL, blessés cette année-là.

Passant les phases éliminatoires, nous arrivions donc en finale, et devinez contre qui ?... Nos amis les Brivistes !... Bien sûr, à ce stade de la compétition, ils avaient fait comme nous, un parcours sans défaite, deux équipes invaincues en championnat ça n'existe plus. La finale se jouerait au Stade Gerland à Lyon, le 21/05/1972, mais avant, nous avions une autre finale à jouer, celle du Du Manoir, au Stade Du Manoir de Colombes contre Clermont-Ferrand puisque nous avions été réhabilités. Pour l'honneur, avec le plus grand enthousiasme, nous le gagnerons haut la main sur un score sans appel et avec un jeu qui ne souffrit d'aucune contestation.

Le Championnat de France, le fameux Brennus, nous le gagnerons également sur le score de 9 à 0, et c'est nous qui restions invaincus ; les Brivistes, eux, avaient par contre perdu leur premier match de la saison, et la finale du Championnat. C'était pour eux la double peine. Marcel PUGET, leur capitaine, une fois douché et rhabillé viendra quelques instants plus tard nous féliciter un à un dans le vestiaire. Notre réciprocité fut sincère en ayant un peu de peine pour lui et son équipe, même s'ils nous avaient fait tant de misères sur les terrains, mais si attachants après les matchs, avec une bande de "déconneurs de première catégorie toujours amenés par leurs chefs de file Jean-Claude ROSSIGNOL et Jean-Pierre DALES". Un certain Patrick BOUTOT fut à la bonne école avec cette équipe première, il se fera appeler plus tard, quand il montera sur les planches, Patrick SEBASTIEN.

L'année 1972 remplit la vitrine de l'A.S. BEZIERS : BRENNUS – DU MANOIR - BOUCLIER D'AUTOMNE - CHALENGE CADENNAS. Et tout cela sans perdre un seul match.

Nous fîmes les saisons 1970-1974 avec à peine une vingtaine de joueurs. On ne tenait pas non plus à être, ni remplacé, ni remplaçant, la titularisation nous convenait très bien.

On laissa nos postes que pour des sélections en équipe de France.

En Championnat, la saison 1973 se termina en demi-finale contre Dax à Bordeaux. Nous la jouâmes pratiquement à quatorze, car Henri CABROL, Monsieur Finale, notre ouverture et buteur, eut une double ou triple fracture du nez provoquée par un placage sévère en cours de partie. Résultat : il était complètement dans le "cirage" Il faisait des erreurs de choix, se positionnait mal, mais le courageux Henri restait sur le terrain avec la tête dans un cosmos loin des étoiles du stade. A ce poste clef cela ne pardonne pas. Ce sont des jours sans pour une équipe. Pour nous enfoncer le moral, Jean-Pierre BASTIA, avant d'aplatir son essai entre les poteaux, montra bien le ballon en faisant vriller sa main à Jack CANTONI, qui n'avait pas pu le plaquer, un geste de moquerie et plein de mépris pour nous narguer. Ce grand joueur fut loin ce jour-là d'avoir un brin de fairplay et d'humilité.

On a perdu, ils avaient gagné, le score était lourd, 3 à 23. Henri ne s'était pas fait cette fracture tout seul, un plaquage, irrégulier et intentionnel en avait été la cause.

Nous rentrâmes tristes de Bordeaux, et dans le train qui nous ramenait, quelques supporters vinrent nous voir pour nous remercier pour les deux finales gagnées les années précédentes. Dans leur esprit et par leurs propos, cela ne pouvait pas durer éternellement. Nous étions donc à la fin d'une belle histoire, avec sous-entendu, que nous aussi nous étions finis. D'autres nous demandèrent si c'était vrai que nous nous étions battus dans le vestiaire avant le match, et si c'était vrai que l'un de nous avait fracturé le nez d'Henri CABROL. Un tas d'informations imbéciles et mensongères circulaient. Que chacun fasse son scénario c'est un droit, mais que l'on vienne nous le proposer en demandant qu'on le confirme, et insister lourdement après notre démenti, ça il fallait le faire !

Alors ! On vira gentiment tout ce monde de notre wagon, mais le voyage du retour fut plus long qu'à l'aller. En plus on venait de perdre notre deuxième match depuis le printemps 1970.

Il nous restait à jouer la finale du Du Manoir contre Narbonne, toujours à Colombes.

Je pense qu'on la joua sans conviction, et sans âme. Etait-ce le contrecoup de cette mémorable défaite contre Dax ? Peut-être un peu de doute s'était s'installé en nous, doublé d'une grosse fatigue générale due à ces saisons interminables. Nos ressorts s'étaient distendus et nos pneumatiques étaient presque à plat. En cours de match, un essai de Walter SPANGHERO entaché d'un superbe en avant que seul l'arbitre n'avait pas vu, nous mit sur les jantes, et si cela n'enlevait rien à la victoire méritée de nos voisins Narbonnais, on ne put s'empêcher de penser, tels des guerriers reculant et sentant la défaite, que nos dieux protecteurs nous avaient abandonnés, ou qu'ils nous avaient boudés ou ignorés, pour nous faire peut-être retomber les pieds sur terre.

A la fin du printemps 1973, la vitrine de l'A.S.B se vida de ses prestigieux trophées.

La saison 1973 - 1974 démarra par le rituel Bouclier d'Automne à Toulouse, et devinez contre qui il commençait ? Non, pas les Brivistes, mais l'équipe de Dax !

Pour nous, la saison ne pouvait pas mieux démarrer. Et cela commença même très bien. L'outrancier Capitaine montreur de ballon oublia de venir jouer ! Et même si je n'ai pu retrouver le score, je crois me souvenir qu'ils avaient pris une quarantaine de points, avec entre quatre et six essais. Mais le match suivant on perdit, et nous ne gagnerons pas cette année-là le Bouclier d'Automne.

Toujours en répétitions à nos entraînements, quelques nouveaux joueurs comme Alain PACO, Michel PALMIER, Christian PRAX, Jean-Paul BANQ, Paul CIEPLY, Daniel

CONSTANTINO, Claude CASAMITJANA, Jean-Pierre PESTEIL, le frère de Christian, montèrent de la Nationale B et de la réserve, où arrivèrent en provenance d'autres clubs, et jouèrent en équipe première.

Les matchs de poules du championnat se passèrent normalement. Les alternances de joueurs ne posaient pas de problème non plus. La sophrologie commençait à être à la mode, et nous en faisions de courtes séances. Quand arrivèrent les phases finales éliminatoires, le choix de l'équipe devint plus crucial. La demi-finale gagnée, nous nous retrouvions en finale contre nos voisins Narbonnais, finale qui se jouerait pour la première fois à PARIS, et également pour la première fois dans le nouveau stade du Parc des Princes.

J'ai évoqué jusqu'à présent, dans les pages ci-avant, notre jeu, les combinaisons, les mouvements, les mêlés ordonnées et les mêlées spontanées, mais j'attendais l'évocation de cette finale pour vous parler de la touche. C'était une phase importante de notre organisation tactique et technique.

A Béziers, nous avions cinq sauteurs, il est vrai que c'était nettement au-dessus des deux à trois sauteurs maximum qu'avaient habituellement les autres équipes. Par ce nombre plus conséquent nous pouvions varier un peu plus nos lancers.

Le règlement nous autorisait à jouer les touches avec le nombre de joueurs que l'on souhaitait mettre dans l'alignement. C'était à la convenance de l'équipe ayant le lancer. Une seule condition : annoncer ce chiffre pour que l'adversaire puisse mettre le même en opposants.

Par contre, il était interdit formellement d'aider le sauteur. Nous n'avions ni poignées ni poches au short… Et savez-vous pourquoi "pas de poche" ?... Parce que si discrètement un adversaire y mettait un seul petit doigt dedans, vous aviez beau être le champion du monde du saut en hauteur, vous ne décolliez pas d'un centimètre, vous restiez cloué au sol.

Les Narbonnais avaient également cinq sauteurs avec surtout un joueur performant : Claude SPANGHERO. Il faisait une razzia. Nous devions les contrer en défense et au mieux faire jeu égal sur nos lancers. Dans l'alignement en touche le premier de nos cinq sauteurs était Armand VAQUERIN, spécialiste de la courte touche surprise, vite jouée, redonnant le ballon dans le couloir sur un joueur en relais rentrant et partant dans les cinq mètres[26]. Il pouvait également contrer une touche courte adverse, et être aussi un soutien. Les quatre autres étaient les deux deuxièmes lignes ESTEVE et SENAL, SAISSET et moi-même, troisième ligne centre.

Raoul pour cette finale en voulait un sixième, il fit rentrer PALMIER qui jouait depuis quelques matchs avec nous et il me demanda de passer troisième ligne aile, pour mettre Alain ESTEVE en N°8.

Pour un match normal ou de moindre importance j'aurais accepté, mais une finale ça ne se perd pas, c'est celui qui fait le moins de faute qui l'emporte ; la moindre erreur se paye cash. Changer mes repères, mes automatismes, le calage et la stabilité de la mêlée, c'était pour moi faire prendre un risque à l'équipe. Alors je lui ai dit non !

« Alors ! Qui je mets troisième ligne aile avec Olive[27] ?, me demanda Raoul. Spontanément je lui répondis : « "Le grand" ! » C'était comme cela qu'on surnommait Alain ESTEVE.

Si l'A.S.B a eu des victoires et ce prestige, une grande partie en revient à Alain ESTEVE, non seulement parce qu'il était hors normes physiquement pour notre époque, mais aussi parce qu'il avait des qualités athlétiques performantes. Pour la petite histoire, la première fois que nous avons avec Alain joué ensemble, c'est en junior avec la sélection de l'équipe du

---

[26] Actuellement on voit quelques touches dans ce style
[27] Olivier Saisset

Languedoc pour la coupe de l'avenir. Cette compétition nationale, ce fut la première fois que le Languedoc la gagnait. La pépinière languedocienne était déjà en pleine pousse. Quelques noms seront connus un peu plus tard, comme Gérard SUTRA, BELZON, ESTEVE, CABROL... et d'autres dont je ne souviens plus de l'entente Quillan-Espéraza, qui joueront par la suite dans leur équipe première.

Alain ESTEVE, fit à ce poste une finale remarquable contre Narbonne, et le drop d'Henri CABROL qui nous donna la victoire, fut passé sur le ballon pris par PALMIER, dit La Palme, sur une touche rapidement jouée par Richard ASTRE, que n'avait pas pu contrer Claude SPANGHERO, ce qui nous a fait dire pour plaisanter : *Que c'était la seule balle qu'avait pu prendre "La Palme" dans ce match !*. On n'était pas loin de la vérité, on avait été dominé dans ce compartiment de jeu. Comme quoi une finale tient à pas grand- chose. !

Une soirée ouverte à tout public fut organisée le samedi suivant au palais des congrès de Béziers. Nous montons sur la scène, et qui je vois en train de jouer, de chanter, en dirigeant son groupe, un ami d'enfance qui traînait ses culottes courtes avec moi sur les bancs de l'école St Joseph à Sète : Pierre LASNE, musicien, auteur-compositeur et par la suite artiste sous le pseudonyme de Pierô chez Barclay... Nous avons chanté ensemble pour nos retrouvailles ce soir-là, dix huit ans plus tard : *Fille du vent et du soleil*[28]. Aujourd'hui il a une maison d'édition et il est l'éditeur de mon livre !...

*

---
[28] Chanson de Pierre Groscolas

Récapitulons

– La finale de 1972 avait deux joueurs différents par rapport à celle de 1971 : André BUONOMO et Hélios VAQUERIN.

– La finale de 1974 avait cinq joueurs différents par rapport à celle de 1972 : Alain PACO, Michel PALMIER, Daniel COSENTINO, Jean-Pierre PESTEIL, Paul CIEPLY.

– Après la finale de 1972 des joueurs champions sont partis du club : Jean-Pierre HORTOLAND, André BUONOMO. Après la finale de 1974 beaucoup d'autres du potentiel Biterrois partiront également à Nîmes qui recrutait un maximum : Paul DEDIEU, Jean-Claude RANÇON, VIGNOLE des réservistes remplaçants et André LUBRANO. Ce n'était pas prémédité, mais je les rejoindrai au début 1975, car je n'avais pas débuté cette saison-là avec Béziers à cause du différend professionnel qui m'opposait à la Société du Président de l'A.S.B.

Conclusion

Malgré tous ces départs, Béziers continuera sa récolte de trophées, ce qui laissait à penser que personne dans l'équipe n'était indispensable, et que ce réservoir qui se vidait lentement, se remplissait avec la même quantité et la même qualité de produit.

Un miracle ? Non ! Un secret ? Oui ! C'était le jeu spécifique et invariable imposé par l'enseignant Raoul, toujours dans la constante technique.

J'ai toujours regretté d'être parti, et de ce fait je ne pourrai pas vous parler des quatre saisons 1975 – 1976 – 1977 - 1978. Ce fut une période assez tumultueuse sur le plan des rapports humains, je sais qu'il y eut des différends et des inimitiés entre certains joueurs et l'entraîneur pour des raisons de composition de l'équipe, dans un brassage de comportements des uns et de problèmes familiaux des autres.

Revenant plus tard au club, en 1979, je n'ai jamais su de façon formelle la vérité car ce sujet ne fut jamais évoqué, et ce fut mieux ainsi. Dans l'ignorance la plus complète, je n'en parlerai pas.

Mais Béziers reste toujours en 1975 - 1977 – 1978, champion de France et finaliste en 1976, avec une constance sans faille dans ses résultats. Les équipes de ces finales jouées variaient de deux à quatre joueurs dans leurs compositions.

Période Nîmoise

Entre 1975 et 1977, je suis donc allé jouer à Nîmes pendant deux saisons. Cette arrivée de Biterrois leur fut bénéfique car nous avons fait monter le club en première division... Je n'avais plus la foi, ni la motivation pour évoluer dans une équipe d'autant plus qu'à chaque match, j'étais marqué à la couture du short par deux dévoués adversaires qui me collaient aux basques toute l'après-midi, pour m'empêcher de jouer.

Les arbitres de la deuxième division étaient pires que ceux de la première... Je vous laisse le soin d'imaginer la catastrophe, et je vous en apporte la preuve par cette histoire qui m'a marqué, dont je fus l'innocent... coupable !

Avec Nîmes nous jouons à Albertville ou Chambéry, je ne me souviens plus exactement. Je suis capitaine de l'équipe et le match se passe correctement. Après un dégagement en touche d'un adversaire au niveau du milieu du terrain, s'accrochent 3 ou 4 joueurs au point de départ de ce dégagement, et franchement je ne sais toujours pas pourquoi, mais peu importe même si c'est la faute des Nîmois, au pire on doit prendre une pénalité au point de chute, mais ce n'était même pas un placage à retardement, puisque je suivais toujours par automatisme le ballon des yeux et mes jambes y couraient, et quand l'accrochage a lieu, j'étais déjà positionné au point de chute au niveau de nos 22 mètres. Ce jour-là l'homme en noir désigné, qui arbitrait en 2ième Division pour la première fois de sa carrière, supervisé pour cette très grande occasion par un autre corbeau assis sur sa branche dans les tribunes, veut-il alors faire du zèle et montrer qu'il peut ouvrir son large bec dans lequel il tient un sifflet pour faire régner la paix et la concorde ?... (Lisez bien cette chose inimaginable qui est la stricte vérité)... Au lieu d'aller vers les bagarreurs et les sanctionner, il vient vers moi qui était positionné à l'endroit où on allait jouer la touche c'est-à-dire dans mes 22, soit 30 mètres plus loin que le lieu de friction et il me dit :

« *Vous êtes le capitaine, vos joueurs se bagarrent, vous devez faire respecter l'ordre, vous êtes responsable je vous mets dehors du terrain* »

A l'époque il n'y avait pas de carton jaune, ni rouge. Je pensais très sincèrement qu'il plaisantait !... Ou que j'avais mal entendu.

Non ! Car un con ça ne plaisante jamais, c'est con, un point c'est tout. Comme a dit Michel AUDIARD, en parlant d'eux : « Ils osent tout, c'est même à ça qu'on les reconnaît ! »

J'ai écopé de trois matchs de suspension parce que mes coéquipiers et les adversaires se chamaillaient entre eux. Une ignominie sans nom venant d'un incapable qui n'avait certainement jamais pratiqué ce sport, qui n'en connaissait même pas le règlement, ou plutôt s'il y avait joué, il avait dû vite arrêter parce que sur un terrain il devait "chier" dans son short.[29] Et pour ne pas aller près de la "chanson de geste" et pour ne pas "s'avouer sa lâcheté", un psy avait dû lui conseiller dans une de ses séances, pour guérir (...) de mettre l'habit du croque-mort, de prendre un sifflet à pois chiche, comme celui

---

[29] Veuillez m'excuser pour cette vulgarité

qu'il devait avoir dans sa tête, pour punir les bruyants et les vilains Rugbymen qui dans sa jeunesse lui avaient certainement fait très peur sur un terrain parce que c'était le seul endroit où il n'avait pas pu faire suivre son papa et sa maman pour le défendre. Je suis sport, j'aurais admis cette sanction si l'autre capitaine avait été mis comme moi à la porte, la logique aurait été respectée, mais là rien pour lui, tout pour ma gueule... que je n'avais même pas ouverte.

Je regrette qu'une chose c'est de ne pas lui avoir mis carrément mon poing dans sa gueule, au moins j'aurais vraiment mérité ma sanction ! Et plus pour cette affinité arbitrale avec la Fédé ! Cela aurait été une fin de carrière à la ZIDANE.

Je ne désespère pas encore de le rencontrer un jour, et il aura droit aux intérêts.

Et le corbeau des tribunes, le suprême superviseur sur le coup de la digestion, après les repas gastronomiques qu'ils font entre suprêmes avant les matchs - le jambon, steak, purée, c'est pas pour eux - devait être somnolent sur sa branche perchée des tribunes. Il n'a rien dit, ni rien fait, pour faire respecter le droit, même à la fin de la partie.

Il n'a pas ouvert son bec de peur de lâcher son "arbitre fromage", le malhonnête et incompétent con-frère. Peut-être était-il encore plus incompétent que lui ?

"Je ne sais pas pourquoi ? Quarante deux ans plus tard, quand j'en parle, j'ai toujours la rage" Mais ça vous l'avez compris.

Nous arriverons jusqu'en demi-finale, Nîmes montera en première Division. En mai 1977 je me suis arrêté de jouer.

Retour à Sauclières
Je trouvais les Dimanches bien longs... Au cours de la saison 1978-1979 j'apprends que Raoul BARRIERE arrête

d'entraîner, et également en pleine saison s'arrête de jouer Richard ASTRE. Cette crise interne se termine en eau de boudin pour l'A.S.B, les joueurs finiront la saison sans entraîneur.

Un ami Biterrois, qui jouait avec la réserve ou la nationale B, devenu promoteur au cap d'Agde me confiait des chantiers dans ma spécialité. On se rencontrait à l'époque très souvent, sur le lieu des travaux, et avec d'autres amis communs nous sortions ensemble le samedi soir.

Il jouait demi de mêlée, et comme Richard ASTRE était parti, je lui disais que c'était le moment pour lui de prendre la relève ; en blaguant, pour le motiver car il avait de bonnes qualités rugbystiques, je lui disais que si j'avais encore joué à Béziers, et si lui il était derrière la mêlée, il flamberait... Les choses en restaient là.

Un matin, je reçois un coup de téléphone d'Alain LOUBET le Co-président de l'A.S.B, il veut me voir et m'invite à déjeuner au Cap d'Agde. Le déjeuner a lieu vers le mois de juin 1979, et il me propose de venir rejouer à Béziers.

Il me dit que Dédou, plus connu sous le nom d'André Boudou qui est devenu plus tard le beau-père de Johnny Halliday, lui avait dit que je souhaitais revenir à l'A.S.B.

Avec tout ce remue-ménage interne, une équipe ayant perdu son mythique entraîneur, son extraordinaire capitaine, quelques joueurs – et non des moindres - partis vers d'autres clubs, vu mon âge (presque 33 ans) et mes deux ans d'arrêt de compétitions, je pensais que je ne serai pas la recrue miracle pour la suite à donner au club, mais que peut-être en réserve je trouverai mes dimanches un peu moins longs.

Devant mon hésitation, pour me convaincre, il me dit :
« Dédou m'en a parlé, mais en plus j'ai demandé à quelques joueurs ce qu'ils en pensaient... Beaucoup te regrettent, et ils seraient bien contents que tu reviennes !... »
Il me cite des noms... Alors je lui dis OK !

La convocation de l'A.S.B pour le départ de saison, comme à l'habitude, fut début août. Nous y étions toujours très nombreux, la première, la réserve, et la nationale B s'entraînaient toujours ensemble aux premiers galops. Je retrouvais mes anciens coéquipiers et découvrais d'autres têtes que je ne connaissais pas : Bernard TESSIER, Henri MIOCH, Pierre LACANS, Jean-Marc CORDIER, et des arrières Michel FABRE, Philippe ESCANDE, Patrick FORT, Marc ANDRIEU, Claude MARTINEZ, Jean-Luc RIVALO…

Olivier SAISSET avait été promu entraîneur…

On commença par le rituélique Footing de Sauclières, un Villeneuve-les-Béziers / Béziers au bord du canal du midi, aller et retour. Un aide à l'entraînement me surprit par cette remarque après m'avoir dit un « *Je suis content de te revoir »*, il ajouta « *Tu n'es plus tout jeune pour rejouer !* » Alors je lui précisai « *Oui ! Mais je viens pour jouer avec la réserve !* » Réponse : « *Ah bon ! Si c'est avec la réserve !…* »

Je l'avais rassuré !

Mais à la fin du footing, nous désaltérant avant d'aller sur la pelouse entreprendre la suite, il vint me dire : « *Tu vois, je ne pensais pas que tu tiendrais le parcours, bravo !* » Là ! C'est lui qui me rassurait ! Et il me donnait un espoir inattendu…

Deux ans de repos, avec des entraînements physiques et des footings, que je faisais assez régulièrement sur la plage de Sète ou dans les Salins du Midi avec des amis, m'avaient évité de me rouiller, et cela marchait, ou plutôt cela me permettait encore de bien courir… Ce footing au bord du canal du midi je le ferai encore pendant deux ans.

Je ne jouerai que deux matchs avec la réserve, avec André BOUDOU, dont un mémorable Béziers - Toulon au Stade de la Présidente gagné 69 à 0. Quand je suis passé en première,

Olivier fit faire quelques matchs à André, mais malgré mon appui, il ne sut convaincre le coach.

Au début de cette saison 1979 - 1980, en plus de l'absence de Richard ASTRE, deux joueurs, et pas des moindres, partent du club, PESTEIL, SEGUIER qui débutera la saison puis arrêtera ; CABROL part entraîner une équipe en Italie. Et les lignes arrières s'étaient rajeunies complètement : Marc ANDRIEU, Philippe ESCANDE, Patrick FORT, Jean-Luc RIVALO, Claude MARTINEZ, Philippe BONHOURE, Michel FABRE font partie de cette nouvelle génération. Jacques CANTONI est toujours fidèle à son poste d'arrière.

C'est Alain PACO, le plus titré en sélections qui est notre capitaine pour le commandement général à concevoir, et les décisions à s'organiser, ou se réorganiser en cours de match quand besoin est. On me confie le commandement et l'organisation, pour la bonne marche du lancement du jeu, de la troisième ligne.

Les troisièmes lignes ailes étaient d'une nouvelle génération montante d'une très grande qualité. Ce fut un plaisir d'avoir à mes côtés Jean Marc CORDIER, Pierre LACANS, et Henri MIOCH qui pouvait également jouer indifféremment troisième ligne centre ou même trois quart centre, comme il le fit en finale cette année-là. Son gabarit n'avait rien à envier à ceux des lignes arrière actuelles. Il avait un tempérament de feu, il était adroit, rapide et percutant. Pierrot LACANS avait été champion en 1978 mais au poste d'ouvreur, il avait remplacé Henri CABROL en fin de match.

Pierrot pouvait indifféremment jouer bien tous les coups à tous les postes, Jean-Marc était du style Christian PESTEIL, il courait comme un Lévrier sans rate. Ces jeunes et nouveaux troisièmes lignes connaissaient à merveille le répertoire Biterrois des combinaisons. C'était à moi de ne pas les décevoir. Je m'appliquais à leur donner les meilleurs ballons, dans les meilleures conditions pour qu'avec leur rapidité ils puissent nous faire la différence. Notre entente fut des plus parfaite.

Les Narbonnais, qui avaient été Champions de France l'année précédente, en 1980, tombent sur nous en 8ième de finale. Le match se passe à Toulouse. Pour la petite histoire, sur le coup d'envoi, l'ouvreur Patrick FORT loupe son coup de pied et le ballon sort en touche. Donc mêlée au centre du terrain, introduction à eux. Nous avions l'habitude de pousser les cinq ou six premières mêlées du match, et là, sur la poussée, en plus sur leur introduction, nous les amenons sans qu'ils s'écroulent, du centre du terrain… jusque dans leurs 22 mètres. L'arbitre siffle, pénalité pour nous, tentative réussie, 2 minutes de jeu, 30 mètres en marche arrière, trois points !

Les Narbonnais ont toujours pensé que nous avions fait exprès de taper en touche pour faire cette mêlée, mais il n'en était rien, c'était vraiment involontaire. D'ailleurs on avait engueulé Patrick, dit Papy. Dès ce coup d'envoi, pour eux ce match était déjà perdu… Ils avaient pensé juste, mais ce n'est qu'à la fin du match que cela se confirma, car on ne lâcha rien avant le dernier coup de sifflet.

Nous battrons Nice en quart de finale à Marseille, et nous reviendrons jouer la demi-finale contre Perpignan à Toulouse au stadium.

Puisque que nous sommes dans les confidences, et dans les petites histoires, autant vous raconter celle-là.

Nous étions descendus pour les 1/8 de finale contre Narbonne dans un complexe hôtelier. Rassurez-vous on ne partait pas le jeudi pour jouer le dimanche, le samedi à 14H suffisait amplement, même pour une ½ finale à Toulouse. Ce complexe hôtelier, dans lequel on avait l'habitude d'aller, nous accueillait très bien. Mais la fois des 1/8 de finale, quinze jours plus tôt, nous n'avions pas été bien reçus sur le plan culinaire le samedi soir. Etaient-ce les consignes de notre trésorier ? Ou bien les cuisines avaient-elles un problème ? La direction était-elle pro-Narbonnaise et voulait-elle nous affaiblir ? Bref, nous faisions savoir le mercredi au secrétaire de l'A.S.B que nous souhaitions changer d'hôtel. « *Je m'en occupe* » nous dit-il. A la fin de l'entraînement, il réapparaît à Sauclières en nous disant qu'il a passé l'après-midi à chercher quelque chose, mais qu'il n'a rien trouvé ! 15 chambres disponibles ce n'est pas évident un soir de long week-end, et que la réservation de celui où on devait aller normalement ayant été faite depuis longtemps, et vu l'échec de ses recherches, il était difficile d'annuler ; et il leur avait téléphoné en expliquant notre mécontentement. En réponse à ces doléances on lui avait confirmé que nous serions cette fois bien reçus.

Le samedi soir, nous passons à table vers les 20h. Nous commençons le repas par une salade de gésiers confits, s'en suit une assiette avec une grosse tranche d'un très bon foie gras, accompagnée de charcuteries diverses, puis filets de soles normandes, un petit trou normand, et enfin un magret de canard entier aux cèpes, fromages, pâtisserie, café, pousse café. C'était un repas de communion ou de mariage, il ne manquait que la pièce montée, avec un Rugbyman dessus. Au début du repas dans un raffinement particulier, et très familier, Michel PALMIER interpelle le maître d'hôtel, et confondant dans son langage culinaire deux mots, il lui dit : « *Geôlier qu'est-ce que tu as comme picrate à nous tomber ?* » Le geôlier en mettant un liteau sur son bras se change après cette injonction en sommelier, et s'exécutant, il lui apporte la carte des vins.

La carte en main lisant ou pas, mais très vite et en diagonale avec un doigt pointé n'importe où peut-être même sur les eaux minérales, la commande est passée verbalement : « *Geôlier tombe nous du bon Bordeaux* ». Heureusement ! Le geôlier n'a pas tombé les bouteilles, mais il a apporté, conformément à la directive de l'œnologue, du bon Bordeaux. Combien s'en est-il bu ? Pas mal, sachant que certains dont je faisais partie en buvaient à peine un petit verre, ce fut un mystère, seule la caissière de l'hôtel et le trésorier connurent le nombre de bouteilles consommées.

L'histoire ne s'arrête pas là. Le lendemain, nous jouions donc contre Perpignan en demi-finale. Dans le tunnel du stadium qui mène des vestiaires jusque sur la pelouse, les équipes sont en file, et côte à côte, dans la pénombre. Sur la partie du terrain où nous rentrions, nous ne voyions que des supporters catalans agitant leurs drapeaux Sang et Or. Le $2^{\text{ième}}$ ligne Jean-François IMBERNON à côté d'Alain ESTEVE, avec son accent rocailleux qui RRRoule les ''RRR'', s'adressant à ses coéquipiers leur dit : « *RRRRegaRdez tous ces dRRRapeaux catalans, aujourd'hui on joue chez nous* » et Alain ESTEVE le regarde et lui répond : « *Alors aujourd'hui ! Tu vas perdre sur ta pelouse !* » Le ton de l'ambiance était donné et le match fut sobre en rhétorique, mais riche en intensité physique.

Pierrot LACANS nous fit un exploit et fit marquer un essai de 80 mètres après avoir enlevé en pleine vitesse le ballon du pied de notre ouverture qui allait taper en touche. Il avait fait une malle[30] de 50 mètres avant de donner à l'ailier qui marqua l'essai.

Devant, nous avions fait un très gros match, le coup de sifflet à la fin des 80 minutes nous amenait en finale. La plupart de nos arrières n'en avaient pas encore jouée une seule. Tous ces trois-quarts nous précédèrent pour rentrer plus vite que nous dans le vestiaire... On se demandait ce qui se passait. Et quand nous y pénétrâmes, se tenant debout sur les bancs, ils nous applaudirent, en nous disant : « Merci les avants !... Merci les avants !... Merci les avants !... » C'était, même pour les vieux endurcis que nous étions, vraiment apprécié et sincèrement très touchant.

---

[30] Une échappée avec une course en solitaire

L'histoire de notre week-end sportif de la demi-finale se termina le lendemain quand nous apprîmes par la presse la déclaration d'un de nos adversaires[31] :

« *A leuRR âge ! JoueRRR comme ça, c'est pas noRRRmal, ils doivent tous se doperRRR !* »

Oui ! C'était vrai, messieurs les Catalans mais l'on ne vous donnera pas le menu, ni les recettes car ce dopage était purement gastronomique !... Alors ne râlez pas ! Pourtant comme avait dit Jean-François IMBERNON vous aviez l'avantage du terrain, et vous jouiez chez vous ! De quoi vous plaignez-vous ?

Pour le titre contre Toulouse, le 25 mai à Paris au parc des Princes à 15h, on a joué sous un soleil de plomb.

La finale gagnée, nous redescendions le soir même à Béziers en avion, et pouvions une fois de plus lever le Bouclier de Brennus au balcon du théâtre devant les allées remplies d'une foule qui arrivait comme à l'habitude jusqu'à la statue de Paul Riquet, trois terrains de Rugby plus bas.

Cette finale de 1980 fut pour moi, avec la première de 1971, une des plus marquantes car si elle me donnait un quatrième titre, j'avais eu dans ce match la cerise sur le gâteau, en ayant marqué un des deux essais du match sur une mêlée enfoncée. Et coincé au beau milieu d'un maul à 7/8 mètres de l'en-but, je sortis en force un ballon par le dessus pour le donner, et je le reconnais d'une façon un peu foireuse, à Michel FABRE, mais qui par son tempérament et son efficacité le bonifia, et marquera l'autre essai du match.

Après autant d'arrêt, de péripéties, de remises en questions, et de remise en grande forme, pouvoir toucher encore le sommet, c'était "énorme". Mais on le réalise après.

---

[31] Essayez de vous imaginer la scène avec l'accent rocailleux, comme cela aurait pu être le cas , et l'histoire n'en sera que plus savoureuse

Alain LOUBET, fier de sa vieille recrue, comparant mon retour à celui du tennisman Bjorn BORG, disait par la suite : « Même Bordj ne l'a pas fait ! » Mais lui c'était au niveau mondial... Je reste modeste.

Quelques jours plus tard, pour fêter le titre, nous invitant chez lui à une soirée barbecue, Olivier, me prenant à part, me confie qu'il n'entraînerait plus l'équipe la saison prochaine, car il avait un désaccord avec les Présidents, à moins me dit-il qu'ils reviennent sur leur décision.

Effectivement les derniers matchs que nous avions joués, les deux Présidents étaient, selon la rituelle habitude, venus au repas de 11 h, nous saluer. Puis ils déjeunaient dans une salle à côté. Plusieurs fois ils étaient en compagnie de Claude SAUREL, ancien junior qui avait commencé ensuite à jouer en première avant 1970, mais qui après s'être blessé gravement à une articulation avait subi plusieurs fois de lourdes opérations. Avec sa "blessure récidivante" Raoul n'avait jamais pris le risque de le faire jouer en première. Alors Claude s'était orienté vers les équipes réserves ou nationale B. Il y jouait et en assumait les entraînements.

Nous l'avions vu ces quelques fois sans se douter que les dirigeants programmaient le futur. Olivier m'avait dit ce soir de barbecue : « *Tu devrais toi aussi arrêter, Béziers ne sera plus Champion de France.* »

Je n'étais pas du même avis que lui. Je sentais bien que l'équipe avec ses quelques nouvelles jeunes jambes... et aussi et surtout ses têtes récitant à la perfection le Rugby commun que l'on avait appris, apportant par leur dynamique et leur vélocité un plus bénéfique à l'équipe, pouvaient faire perdurer ce jeu qui nous donnait encore une supériorité sur nos adversaires. Je ne l'écoutais pas et je restais à Béziers pour la saison 1980-1981, dix ans pile après notre première Titre.

A la recherche du Rugby perdu...

Cette année-là Georges SENAL et Jacques CANTONI arrêtent de jouer mais Jacques s'occupe des arrières.

Sans vouloir minimiser le rôle de Claude SAUREL, si ses qualités disons de meneur étaient indéniables grâce à son verbe ininterrompu et son enthousiasme persuasif et rayonnant, à l'entraînement c'est de nous-mêmes, nous les avants, que nous nous mettions à faire nos dix allers-retours, sans tomber le ballon. "Ces indémodables gammes pour l'agilité des mains que font encore et toujours les plus grands pianistes."

Nous enchaînions par des ateliers de toutes sortes : la vitesse, les pneus, le joug, les touches et tout le reste où il était bien sûr présent. La palette des mouvements s'exécutait dans un petit match souvent à toucher[32], qui terminait l'entraînement.

La saison se passait normalement, la F.F.R décida de faire cette année-là une compétition appelée la "Coupe des Provinces" pour en dégager une équipe de France.

C'est Olivier SAISSET en qualité de Conseiller technique régional, libre de tout engagement avec les clubs, qui était chargé de la sélection. Il me prit dans l'équipe avec d'autres Biterrois, Carcassonnais, Narbonnais, Perpignanais et il me donna le capitanat de la sélection Languedoc-Roussillon.

Les dates étaient vraiment très très bien choisies !... On joua la demi-finale le 25 décembre, le jour de noël, et comme on l'avait gagnée, la finale fut le 1er janvier, le jour du jour de l'an. Le Languedoc-Roussillon gagna la première Coupe des Provinces.

Il devait sortir de ces équipes de Provinces les joueurs pour l'équipe de France. De plus, Béziers avait été Champion de France...

Pour la demi-finale le Journal le Monde (Le Seul que j'ai retrouvé) commenta *"Au-dessus de la mêlée un seul homme*

---

[32] Match sans placage, toucher l'adversaire vaut placage et arrêt du jeu.

sur le terrain : Yvan Buonomo". Un seul joueur de Béziers sera retenu – faire moins était impossible -, ce fut Pierre LACANS, et j'en fus très heureux, car avec sa jeunesse il avait un avenir.

FOUROUX, était le sélectionneur national, et malgré les défaites des autres Provinces il retint la quasi totalité des perdants, mais de sa bande, bien évidemment. Le copinage, la complaisance, l'affairisme et le mépris de Béziers étaient plus que jamais d'actualité.

C'est sûr qu'il faisait partie de ceux qui n'aimaient pas notre équipe. D'abord il n'avait jamais réussi à nous battre quelque fut le club où il joua contre nous, et par rapport aux demis de mêlée comme Gérard SUTRA, Max BARRAU, PEBEYRE, PARDIES, AGUIRRE il y avait une différence énorme, et avec Richard ASTRE, il n'y avait pas photo entre les deux. Richard était classé 1er avec 72 points et lui 6ième avec 11 points. Ce différend datait de 1975 quand il régla le compte de Richard de façon on ne peut plus abjecte, dans la tournée en Afrique du Sud : Le journaliste Francis DELTERAL écrivit en parlant de FOUROUX :

« *En 1975, en Afrique du Sud, il convoque même les dirigeants, Albert Ferrasse en tête, pour leur demander pourquoi ils lui préfèrent Richard Astre ; étant donné qu'au départ de la tournée il avait été annoncé qu'il y avait deux capitaines : Astre et lui. « Vous ne m'avez pas donné ma chance. Les dés étaient pipés. »* Guy Basquet confirme : *« Jacques Fouroux a mené une campagne pour stigmatiser la présence fréquente de Richard Astre dans les parties de cartes organisées dans la chambre du directeur de tournée, Marcel Batigne. »*

Voilà comment parvenir par tous les moyens à ses fins. Je connais d'autres histoires sur lui dans le sport et dans les affaires, mais comme il n'est plus là, je dirai simplement « paix à son âme ». Tout le monde dans le Rugby n'a pas l'esprit sportif et ne connait pas le fairplay. C'est un art d'être un gentleman, on ne l'apprend pas, il est inné...

Pierrot, LACANS, avec ses qualités indiscutables, pendant les cinq ans qui suivront[33], n'aura hélas que six sélections en équipe de France. En 1980, quand la France fit le grand chelem, il marqua à Twickenham l'essai impossible de la victoire.

Il y a aussi dans ce sport, une médiatisation sélective des exploits de joueurs. Cet essai, on en entendra parler pendant quelques jours, puis plus rien ! Pourquoi ? Alors que dans des reportages évoquant des matchs datant de plusieurs décennies en arrière, on voit encore et toujours les mêmes images de joueurs qui ont fait tel ou tel exploit, et on démontre leur valeur rugbystique en montrant une blessure qui entache de sang leur visage et leur maillot.

Pour avoir rencontré dans ces années-là quasiment tous ces joueurs internationaux dans le Championnat de France et les challenges, je me suis toujours demandé sur quels critères les sélectionneurs pouvaient se baser pour les prendre. J'ai eu, tout du moins pour une période, une des réponses il y a quelques années à peine...

Un président de club, pas de Béziers c'est sûr, décédé maintenant, au cours d'un repas où il y avait plus d'une soixantaine de personnes, donc autant de témoins, s'est vanté pendant plus de dix minutes dans son long discours, avec des anecdotes concordantes d'avoir fait, avant les matchs du tournoi ou des tournées de l'automne des équipes étrangères venant jouer en France, la composition de l'équipe de France avec FOUROUX au téléphone tous les lundis matins de la semaine avant le match !... Sachant cela, on peut mieux comprendre beaucoup de choses. Il s'en est passé de drôles histoires dans cette F.F.R. Dommage qu'il n'y ait pas un

---
[33] Il décéda le 30 septembre 1985

journal style Médiapart ou le Canard Enchaîné du sport pour les dénoncer.

Donc en 1981 en Challenge Du Manoir à Lourdes, contre Pau, en quart de finale, je me démis l'épaule en plongeant dans les jambes d'un ailier en débordement pour l'empêcher d'aller à l'essai. Remise en place dans l'heure qui suivit j'ai fait un traitement de choc pour la reconsolider. Je ratais le quart de finale du Championnat, et rétabli, Claude SAUREL me mit remplaçant pour la demi-finale à Toulouse contre Lourdes. Henri MIOCH, passé en N°8, fit ce jour-là un excellent match.
Deux remplaçants étaient autorisés depuis quelques années, et pour la première fois de l'histoire du Championnat de France, la finale se jouait "en nocturne" au Parc des Princes. Pour son excellent match de la demi-finale, et par précaution, Claude SAUREL laissa Henri à ce poste et me remit remplaçant avec Philippe ESCANDE sur la feuille de match.
Bien lui en a pris car sur la première mi-temps, on comprit qu'Henri[34] n'était vraiment pas dans le coup ce soir-là. Même si le score était positif, quelque chose n'allait pas, ça patinait, l'ouverture avait été déjà remplacée par Philippe ESCANDE un peu avant la fin de la première mi-temps. Claude me fit échauffer, et je remplaçai Henri en tout début de la seconde partie.
Au coup de sifflet final le score était de 22 à 13, on était Champion une fois de plus. C'était mon dernier match de Rugby en Championnat de France, et mon cinquième titre.
Je ne pourrai pas vous parler des trois saisons qui suivirent car ayant mis fin définitivement à la compétition rugbystique peut-être à cause de ce deuxième accident (sans gravité) de ma carrière. Le premier ayant été un ménisque cassé, une broutille. Mais même si une épaule qui se déboîte est un problème

---

[34] Qu'il pardonne mes propos car Dieu sait que j'ai beaucoup de sympathie et d'amitié pour lui

physique réparable, les récidives sont fréquentes, et je n'avais aucune envie de me faire opérer.

Les saisons qui suivirent seront encore positives, 1981-1982 se termina en ¼ de finale.
Et Alain ESTEVE arrêta de jouer avec 8 titres en poche.

La saison 1982-1983 se terminera par un nouveau titre de Champion de France, et Claude SAUREL laissera sa place d'entraîneur à Roger BOUSQUET et Francis MAS, ancien pilier avec Raoul BARRIERE, Champion de France en 1961, témoin et surtout acteur du style Biterrois, y ayant même contribué au départ de ce quart de siècle de gloire, il connaissait très bien le jeu et l'esprit de Béziers. C'était une bonne nouvelle !... Les années 1983 et 1984 verront à nouveau le succès de Béziers. Deux titres viendront couronner ces deux saisons, avec deux entraîneurs différents, **mais toujours du cru.**

*

Récapitulons à nouveau :

On peut constater qu'entre la première finale de 1971 et la dernière de 1984, il restait trois vétérans des années 1971, un seul joueur avait obtenu les dix titres : Armand VAQUERIN. Jean-Louis MARTIN, absent en 1971 et 1975 en totalisait huit, tout comme Michel PALMIER qui n'était rentré dans l'équipe qu'en 1974. Des lignes arrières, Michel FABRE en était le vétéran puisqu'il fut Champion pour la première fois en 1977. Depuis le départ de Raoul, s'était continuée l'intégration de ces nouveaux joueurs, mélange d'anciens, de moins anciens et de jeunes, et ça marchait parce que les entraîneurs étaient toujours sur la même longueur d'onde, si je puis dire.

Même si une partie du savoir s'estompait, il restait encore de solides pans de murs.

La ressemblance est frappante avec ce qui s'est passé entre 1965 et 1970. Une coïncidence ? Le hasard ? Une chance ? Non ! Tout simplement la vérité d'un jeu toujours performant...

Les chiffres et les nombres sont très souvent plus explicites que les mots, les pages suivantes sont le résumé des 25 glorieuses.

Bilan de 25 saisons : un quart de siècle extraordinaire !

On peut vraiment appeler la période qui va de la première finale de 1960 au dernier titre de 1984 **Les 25 glorieuses**. Jugez plutôt :

14 Finales de Championnat de France ……...11 Victoires
9   Finales Du Manoir…………………………………....4 Victoires
13 Finales du Bouclier d'automne …...................9 Victoires
9   Finales challenge Cadenat………………………....9 Victoires
1   Finale Chalenge BEGUERE …...................1 Victoire
1   Finale Coupe d'Europe …...............................1 Victoire
1   Finale Challenge Européen ….......................1 Victoire

Soit 48 Finales jouées pour 36 Titres remportés[35]

Quelques autres constatations :

Invaincus à SAUCLIÈRES pendant 11ans : De 1958 au 5 janvier 1969 (Béziers-Brive 8-9). Et un nouveau record d'invincibilité à SAUCLIÈRES de 11 ans et 9 mois de Janvier 1969 jusqu'au 11 octobre 1981 (Béziers-La Voulte 10-19)

Invaincus toutes compétions confondues de Septembre 1970 jusqu'au 18 février 1973

De 1971 à 1978 L'A.S.B a disputé : 152 matchs de championnat pour 139 victoires (91,45%) 4 matchs nuls (2,63%) 9 défaites (5,92%), soit 4509 points marqués pour 1047 encaissés pour un score moyen de 30 à 7 par match.

---
[35] Chiffres provenant du mémoire de l'historien David Wozniak.

Battant de nombreux records, et plusieurs fois d'ailleurs pour :
La **meilleure attaque**, avec les ailiers et un 3ème ligne aile, marqueurs d'essais et pendant cinq saisons le **meilleur réalisateur** est biterrois, et l'ensemble de l'équipe **meilleure défense** :

Meilleur réalisateur du Championnat : Henri CABROL 1971-1972-1976-1977-1978
Meilleur marqueur d'essais : Gérard LAVAGNE en 1971 (16 essais) en 1972 (25 essais)
René SEGUIER en 1977 (23 essais)
Olivier SAISSET en 1978 (23 essais)

Sans oublier que les autres joueurs marquaient également de nombreux essais, sans battre des records. Richard ASTRE et Jacques CANTONI faisaient de bons scores et secondaient également le buteur Henri CABROL dans ses mauvais jours.

Avec ce palmarès, et ces records, je crois que ceux qui pensaient que notre jeu n'était qu'un jeu d'avants et que nous n'attaquions jamais, devront, les chiffres sous les yeux, revoir leur jugement. Je leur rappelle, car les temps ont changé, que les avants travaillaient les ballons pour lui faire franchir la ligne d'avantage afin de les donner dans les meilleures conditions aux lignes arrières. Elles n'avaient plus qu'à faire le reste... Courir, crocheter, passer et marquer.

Comme l'écrit David WOZNIAK, il y aura aussi de 1970 à 1975 seize joueurs pris en équipe de France. En 5 ans, même le Stade Toulousain, modèle des années 1990-2000 n'y est pas parvenu. J'ai envie de rajouter - et cela n'engage que moi -, mais nous étions des balles de ping-pong ou des kleenex, car à la moindre faute, ou après une petite défaite de quelques points, les joueurs Biterrois valsaient... Ces temps ont également changé, à présent plus ils perdent avec des scores élevés, plus ils sont reconduits le match suivant !... La compassion est extrême pour ne pas les traumatiser !...

Je posais cette question en début de document en parlant de la génération de l'équipe de 1961 : « **Pourquoi n'ont-ils pas tout gagné ?** » On peut également ajouter maintenant dans cette même question, et celles de 1971 et de 1980 aussi.

Nous n'étions pas des professionnels, nous avions à côté un travail pour pouvoir vivre. Un week-end sur deux avant les phases finales, et ensuite tous les samedis, nos déplacements se faisaient principalement en car. Les autoroutes ne quadrillaient pas la France, et selon les villes où nous allions jouer, les trajets pouvaient être interminables.

Quand nous partions en train, principalement à Paris ou Bordeaux dans l'après-midi du samedi, le dimanche au retour nous y passions la nuit, ou presque. Il n'y avait pas les rapides T.G.V, pour faire ces trajets en trois heures, et le lundi matin, pour beaucoup d'entre nous il fallait être au travail à 8 heures !

Ajoutez que dans tous nos matchs nous jouions 80 minutes pleines ; qu'il était interdit de se faire remplacer, même sur blessure jusqu'en 1978 (Je crois). ; que nous n'avions pas de préposés nous dispensant des séances d'entretien musculaire au sein du club, ou en dehors, donc, pas de massages, ni d'ostéopathe, ni de psychologue, ni de sophrologue !... J'oubliais ! Ni de professeur de langue étrangère, comme ils ont maintenant. Nous étions des régionaux. D'ailleurs je n'ai pas progressé en patois pour le parler, mais je suis arrivé à le chanter !... Plaisanterie mise à part, on n'avait pas une vie de sportifs de haut niveau, même si l'on nous faisait faire divers tests de temps en temps. En fait, ils servaient à constater notre forme, c'était le baromètre du joueur, mais on ne nous soignait pas. Ils étaient l'équivalent des repas après les entraînements dans les années cinquante, quand les dirigeants et l'entraîneur composaient l'équipe. Le test thermomètre ou le test de Gargantua… On aurait aimé avec Raoul avoir le choix !

Ajoutez les soucis du quotidien comme pour tout commun des mortels, et vous avez le cocktail qui vous use, vous affaiblit, vous fait exploser. Rien ne vous remet en forme, et votre fatigue passagère dont vous ne vous rendez même pas compte, peut avoir un effet négatif sur le rendement de l'équipe.

Nous étions des humains, pas des surhommes, et le Rugby était un sport dérivatif, comme d'autres vont faire le dimanche du ski, de la voile, du tennis !… Ou vont aussi au Rugby ! Mais eux dans les tribunes !

Les saisons étaient longues surtout pour les équipes dont nous faisions partie qui arrivaient jusqu'aux finales. A certains moments, même avec la meilleure volonté, le meilleur engouement et les plus grandes envies de gagner et gagner encore, il arrivait que physiquement votre organisme ait des faiblesses, et vous n'étiez plus à cent pour cent de vos capacités. Si c'était le cas de quelques joueurs, l'équipe pouvait prendre l'eau sur un match et perdre. La blessure d'Henri CABROL en demi finale de 1973 est un autre exemple d'incident de parcours ! Un imprévisible !

S'il nous arrivait de perdre, comme dit l'expression « On ne peut pas refaire le match », mais nous faisions le maximum pour essayer de gagner le suivant.

*

A la recherche du Rugby perdu...

Photo : droits réservés

Equipe de France
France – Roumanie à Béziers en 1971

De gauche à droite :

Debout :
Dauga, C. Spanghero, Y. Buonomo, Boffeli, Saisset, A Vaquerin, Martin, Bennesis.

Accroupis :
Dubertrand, Dourthe, Berrot, Villepreux, Astre, Maso, Cantoni

7

Le temps de l'incompréhension

J'ai donc arrêté de jouer après la finale Béziers – Bagnères en 1981. Pendant quelques années je me suis encore intéressé au club. Je regardais aussi les matchs du Tournoi, et ceux des Tri Nations, les Maîtres à jouer, en mettant en premier les Blacks. Je suivais un peu le Championnat sur le petit écran et j'allais assez régulièrement à Sauclières.

A partir de l'été 1984, suite à des problèmes de santé physique, absent trop longtemps de mon entreprise, j'ai arrêté mon activité, et j'ai changé ensuite de profession.

Ma vie avait également changé, tant sur le plan familial que professionnel. Je me suis éloigné de l'A.S.Béziers et du Rugby.

Je regardais toujours quelques matchs, mais je mettais rarement les pieds dans les tribunes du stade de la Méditerranée. J'ai foulé pour la première fois sa pelouse pour le Jubilé d'Armand VAQUERIN. Du temps avait passé, et il en passera encore un peu plus, car la vie est ainsi faite. On change de cap, de motivation, d'amis, de projet, bref ! Tout cela en fonction du vent, de la pluie, du soleil, de ses ressources, d'envies, ou de fréquentations. Et de nos jours tous ces sujets et leurs variables s'ajustent ou se désorganisent en permanence dans des tourbillons vertigineux et des contextes imprévus.

Je me suis assoupi lentement devant un Rugby qui, d'années en années devenait de plus en plus ennuyeux, inintéressant dans l'ensemble du Championnat Français. Toutefois, pour être juste, il semblerait qu'il y ait une petite évolution positive depuis trois ou quatre saisons, mais avec ce retard pris, il manque encore beaucoup de choses avant d'être à la hauteur de ce que l'on devrait parvenir à atteindre. Actuellement en coupe d'Europe, avec des équipes chargées des meilleurs joueurs étrangers, on a des différences énormes de jeu avec les clubs anglo-saxons.

Quand j'ai rouvert les yeux sur ce sport, il y a environ une douzaine d'années, j'ai vu une façon de jouer que je ne comprenais pas. Hormis le terrain et les poteaux (j'en viens même à en douter), pour moi tout avait changé : le ballon, les joueurs, les règles, la gestuelle, la technique, la condition physique, et pour plaisanter, je dirai même la qualité des maillots. Le plus surprenant pour moi et le moins évident à voir pour les profanes, c'était surtout l'état d'esprit négatif de cet égocentrisme général évoluant sur les terrains. J'ai écrit en 2008 un texte en alexandrins pour laisser un témoignage à mes proches sur le jeu de Béziers, je l'ai mis en fin de livre, je pense que vous aurez du plaisir à le lire, il explique et illustre tout le contraire du Rugby actuel.

Alors ! Devant ce jeu à l'identique, sans âme, j'ai cherché à comprendre ce que je ne comprenais plus, comme aurait pu dire LAPALISSE. A part pour un ou deux matchs par an du tournoi des cinq ou six nations à Paris où j'étais de temps à autre invité par un groupe de communication, je ne fréquentais plus les Stades.[36] J'écoutais rarement les commentaires des

---

[36] D'ailleurs, à ce jour, je ne connais pas et n'ai pas encore mis les pieds dans celui de Montpellier.

spécialistes et encore moins les speakers formatés, et surtout ceux de l'évidence des images :

« *Paul a le ballon !... Paul est au sol !... Pierre plaque Paul !... Jacques fonce !... Jacques fait un en avant !* »

Du braille télévisé !

La dernière expression, on ne peut plus technique, que j'ai entendue et qui m'a ébloui de par sa technicité :

« *Il a mis des cannes ! Il a mis des cannes ! Il a mis des cannes !* » Et cela des dizaines de fois dans le match.

C'est d'un degré tellement (?) élevé dans les commentaires sportifs, que je me sens obligé d'en traduire le sens pour les non initiés à ce sport : « Il court vite ! Il court vite ! Il court vite ! » Mais vous aviez compris, je suppose ! La grande technicité que l'on découvre !

Le glossaire du Rugby avait aussi changé. J'ai entendu tous ces nouveaux mots anglo-français (ou franco-anglais ?) "Pick and go, Ruck, Turnover, Axe profond"... Comme aurait pu faire dire PAGNOL à l'un de ses personnages :

« *Papé ! Papé ! Je ne suis pas bien "instructionné"... Alors pourquoi tu me parles avec des mots que je ne comprends pas ?* »

Moi par contre ! J'ai compris une chose, c'est que je ne savais plus rien, et ce n'est pas la logique du jeu qui m'a "instructionné" et rassuré. Découlait-elle des directives des entraîneurs ? Du manager général ? Du staff technique ? Je me suis même demandé si c'était vraiment des consignes à appliquer, ou si les joueurs n'en faisaient qu'à leur tête de façon répétitive, incohérente, et surtout dispersée.

Pour moi, c'était du grand n'importe quoi ! Et effectivement à force de voir et de revoir ce grand n'importe quoi, comme tout le monde le faisait depuis longtemps, j'en serais arrivé à ces choses aberrantes, impensables, anti-esprit, anti-Rugby. Et les années passant, j'aurais pu croire que ce Rugby que je regardais était la vérité d'aujourd'hui, et que celui que j'avais joué le fut dans une autre vie, sur une autre planète, ou dans un rêve.

On conserve le "Mètre" étalon à Sèvres, heureusement qu'il y a encore dans l'hémisphère sud des "Maîtres" en Rugby qui ont bien conservé leur jeu, pour le plaisir de nos yeux et de notre esprit.

Etait-il normal de faire maintenant tous ces gestes qu'hier on nous interdisait ? Une émancipation du jeu, en quelque sorte, pour soi-disant la beauté du spectacle et faire vivre un ballon, qui après un maximum de quatre à cinq passes est systématiquement tombé. Comme m'a répondu un vice-président d'un club du top 14 (je précise toujours pas de Béziers) quand je lui demandais pourquoi les joueurs allaient toujours au sol, et si c'était bien les consignes de jeu :

« Oui ! C'est même volontaire, effectivement, le ballon n'est pas passé, il est posé au sol, cela évite de faire des en avants. » Surprenant non comme consigne ? Surtout pour un sport où la passe est la base et la beauté du jeu. Pourquoi ne pas faire des slaloms géants en luge, cela éviterait de tomber des skis, ou du hand et du basket avec les joueurs assis au sol en faisant rouler le ballon sur le plancher ? C'est à méditer, des fois qu'un sponsor en recherche de communication veuille créer une nouvelle compétition !

Ce vice-président disait : « Il faut éviter les en-avants », certes, mais les gestes suivants traduisent-ils la sécurité, l'efficacité et la beauté du spectacle ? :

– Doit-on ne pas se tourner sur balles hautes dans la réception de ballon, et faire un en-avant ?

– Doit-on oublier de passer le ballon sur un surnombre de 2-3-4 contre 1-2-3. Et se faire tamponner[37], faisant rater un essai quasiment fait ?

---

[37] Plaquer

— Même si le ballon est plus petit et plus léger, pourquoi ne plus le tenir à deux mains en courant, mais à une seule comme une balle de hand ? Sous le bras c'est déjà mieux mais avec cette position on devine déjà l'action du joueur, soit une percussion ou un raffut.

— Doit-on ne jamais donner le ballon très près à un partenaire mieux placé, et l'enterrer volontairement dans un maul debout, plutôt que de le faire vivre ? Cela finit la plupart du temps par une mêlée ouverte et un retard de transmission quand le ballon sort... S'il sort.

— Peut-on faire une passe à l'aveuglette à un partenaire, en lui donnant n'importe comment le ballon sans le regarder, surveillant plutôt l'adversaire par peur qu'il vous mette un tampon ? D'où l'expression moqueuse « Fixer du regard »

— Doit-on courir en travers, avec ses partenaires à côté, sans fixer personne (même pas du regard) en "dévorant" l'espace latéral de vos partenaires, et leur donner un ballon pourri quand la cause est perdue ?

— Est-il nécessaire de partir droit, ballon sous le bras, plein champ sans aucun soutien, pour aller s'encadrer volontairement[38] tout seul dans un bloc adverse qui vous attend sans courir ?

— Doit-on passer des balles, en cloche, à l'aveuglette, ou avec un bras tordu comme un handballeur ou un basketteur ? C'est la grande mode, spectaculaire, mais ça coûte des matchs !

— Doit-on faire ce geste nommé "Chistera" pour se débarrasser du ballon en le jetant à l'aveuglette derrière soi, n'importe où ?

— Doit-on aller systématiquement au sol, sans essayer de donner le ballon, pour que le suivant, et le suivant, et le suivant, face systématiquement, la suivante même chose, sans

---

[38] L'expression officielle est : Créer un point fixe, c'est vachement plus technique.

avancer d'un mètre, en attendant le petit en avant qui mettra fin au prochain suivant ?...

Et tout un tas d'incohérences dont la palme d'or collective revient à la pénal-touche quand celle-ci est tapée entre 10 et 20 mètres dans les 22 adverses.

Depuis le milieu du terrain jusqu'au 22 mètres cela peut se comprendre mais à quelques mètres de l'en-but c'est une erreur. Et un non sens.

Si mon camp a droit à cette pénalité, on me donne le ballon ! Il m'appartient d'en disposer ! Soit je fais tenter les 3 points au buteur, soit pour des raisons de score ou de bonus, il est nécessaire que je marque plus de trois points, disons un essai. Peut-on m'expliquer étant possesseur du ballon pourquoi ? Et surtout au nom de quel principe, devrais-je le taper en touche, faire une pénal-touche à 5 mètres pour le reconquérir ? Pourquoi ? Pourquoi ? Pourquoi ?... Parce qu'on a inventé ce mot la pénal-touche, et que quoi qu'il en soit on l'utilise n'importe comment, pour faire ensuite un maul sur touche ? A mon humble avis : beaucoup de risque pour rien.

D'abord on peut louper la touche en la cherchant. Puis le lancer peut être foireux (lancer pas droit ou dévié), ou on peut se faire carrément intercepter. Trois raisons qui sont négatives. Si par bonheur mon camp passe ces trois obstacles, et que nous ayons reconquis le ballon, il faut faire avancer le maul, donc affronter à nouveau une force qui vous attend et y laisser encore votre énergie.

Dans le meilleur des cas, c'est un essai marqué, avec une transformation près de la touche, difficile à transformer. A l'inverse il peut y avoir, une mêlée pour ballon tombé, une pénalité, un hors-jeu, ou un ballon mal aplati dans l'en-but... L'essai est refusé.

Cette phase ainsi jouée, c'est une faute technique, une énorme aberration, un illogisme rugbystique. Si tous les entraîneurs adeptes de cette façon de jouer veulent bien me donner une explication plausible, et les statistiques, puisque c'est la mode, s'y rapportant, je suis prêt à tous les écouter.

Certes, il est facile comme l'on dit toujours, de critiquer sans jamais rien proposer. Pour ne pas que vous repartiez de ce paragraphe bredouille, ci-après juste une idée très simple et logique : Sur une pénalité dans les 22 mètres de l'en-but adversaire, le demi de mêlée ou un autre joueur désigné, lance le ballon du point de pénalité sur un autre point de fixation fait avec 4 à 5 joueurs déjà positionnés à une distance à définir selon la possibilité de la longueur de la passe du lanceur, disons 10 à 15 mètres, et ce vers le centre du terrain, au plus près face aux poteaux. Le ballon reçu est bloqué debout quelques secondes, c'est un maul, et il est mis à l'abri en fond de celui-ci, dans un positionnement technique orchestré. Il est donc prêt à être rejoué, c'est toujours vous le patron de la manœuvre. Vous n'avez pas encore dépensé un gramme d'énergie pour le récupérer.

En fonction du positionnement de vos adversaires, à ce moment précis, le ballon qui est toujours sans effort en votre possession, vous en commandez la finition. Alors plusieurs solutions vous sont offertes..."

Si la défense est mal organisée ou peu présente, soit faire avancer les joueurs en maul groupé, soit faire un départ en passes courtes, pour aller aplatir dans l'en-but.

S'il y a une grosse défense formée sur le maul, le ballon doit être sorti illico et passé obliquement en légère profondeur à un des deux joueurs laissés au départ en retrait et lancés dans une course, pour l'un gauche-droite et pour l'autre bien-sûr l'inverse... L'élu et possesseur peut au pire jouer avec ses partenaires, ou peut par son élan et sa puissance aller aplatir tout seul. Actuellement cette phase de jeu avec une finition en force sur des actions opportunes, et pas du tout préparées, marche. Si la chose est voulue et minutieusement programmée, c'est du tout gagnant.

Avec du travail, on arrive toujours à maîtriser son sujet, et si au début, par la surprise, ce type de combinaisons est presque imparable, et vous surprendrez du monde, sachez qu'au fur et à mesure, vous devrez rajouter d'autres couches techniques, et inclure des variantes. L'adversaire essaye bien évidemment en permanence de vous contrer. Le plus important c'est d'avoir toujours sur lui, comme dans le jeu d'échecs, un coup d'avance.

Ces situations à quelques mètres de l'en-but sont terribles. Les adversaires ont une double pression, et s'affolent très souvent pour défendre sur ce genre de combinaisons en trois temps, car ils n'ont plus la notion précise de votre action de jeu, ils ne savent pas trop comment se placer pour défendre. "Ballon éloigné - Fixation maîtrisée - Diverses finitions en sortie par des variantes" A 10 mètres de la ligne d'en-but, c'est presque imparable, sachant aussi qu'en défense tout hors-jeu de l'adversaire peut vous rapporter également trois points. Essayez-la, je la brade, elle ne vous coûte rien !

Depuis mon temps jadis, disais-je, le Rugby avait changé.
Pour rester en BITERRE, et en remontant au temps des CATHARES, on aurait pu dire en plagiant l'inverse de la phrase prononcée par Simon de Montfort :
« DIEU ! NE RECONNAISSAIT PLUS LES SIENS ».
Car certainement que Dieu, après ces 25 glorieuses, avait abandonné lui aussi le temple de Sauclières, et ne se sentait pas très bien dans celui de la Méditerranée.
Pourtant Roger COUDERC avait-il eu tout faux quand il disait, dans les années 1970, BEZIERS joue déjà le Rugby de

l'an 2000 ? Je ne le crois pas ! Car il avait vu juste, et il avait raison, parce que le spectacle existait déjà.

Mais il n'avait pas pensé, ce qui paraissait d'ailleurs inimaginable, que la transmission du jeu de Béziers, un jour ne serait plus dans les gènes de nos descendants. Et il n'avait pas pu s'imaginer que ce spectacle qu'il voyait, en plus était tronqué.

Notre vrai visage ne devait pas être dévoilé !... Tout le répertoire que l'on aurait pu montrer en plus du jeu basique souvent suffisant pour gagner, était volontairement ignoré les jours des retransmissions télévisées. La panoplie du grand Béziers, n'a donc pas été enregistrée, ou si peu. Dans les images qui furent prises, il manque une part de vérité...

A l'époque l'O.R.T.F avait trois chaînes. TF1 et Antenne2, et FR3 la régionale.

Les quatre matchs du tournoi des cinq nations étaient diffusés sur la chaîne nationale, ainsi qu'un "grand maximum" de quatre à cinq matchs de poules du Championnat de France de Rugby de la 1ère Division (l'équivalent actuel du Top 14), pour toute une saison. Etaient télévisées également une seule des deux demi-finales, et la finale. Et tout cela en noir et blanc.

Il était souvent difficile pour les téléspectateurs de reconnaître les équipes par les maillots ; la différence sur l'écran se faisait alors par la couleur du short : Foncée ou claire. Il n'y avait pas non plus ni de replay, ni de ralenti. Et pourtant malgré ces grandes absences techniques, les rares matchs où Béziers passait sur le petit écran, la consigne qui nous était donnée était claire : *« Aujourd'hui pour les combinaisons... Service minimum ! »*

On aurait pu faire voir mieux à la Télé ces jours-là, et enthousiasmer un public national non avisé, et non conquis, qui peut-être trouvait notre équipe terne et sans panache. Mais l'espionnage sportif était redouté, donc nous gardions jalousement notre jeu et nous assurions par le service minimum exigé, le score et la gagne.

Pour mémoire, la première finale de Rugby qui a été jouée au Parc des Princes après sa construction, fut la finale Béziers-Narbonne en 1974, elle fut aussi la première finale à être télévisée en couleur. Le progrès était en marche !

En restant dans le secret de nos combinaisons et la démonstration de notre jeu, dans le zigzag des sélections nationales des Biterrois qui n'avaient aucune grâce de la F.F.R, un jour nous fûmes sept joueurs à être sélectionnés dans le XV de France contre l'Irlande, pour un match du Tournoi des Cinq Nations. C'était en 1972, l'année où le Tournoi ne s'est d'ailleurs pas terminé en raison de la guerre de religion entre l'Angleterre et L'Irlande, avec des menaces d'attentat de l'I.R.A.

Réunis dans le vestiaire après le match de Championnat joué à Sauclières le dimanche précédent cette rencontre, une consigne nous avait été donnée :

« *Je ne veux pas voir de combinaisons de Béziers en équipe de France, sinon ce sera le banc de touche.* » C'était clair, net, précis !... Et possible !

Le samedi suivant, temps de merde, crachin, brouillard, projecteurs en 2ème mi-temps, le stade de Colombes était triste, notre buteur du jour ratait tout. Les coups-francs et les pénalités obtenus dans les 30-40 mètres dans note camp face aux poteaux, sans consulter le capitaine, Benoît DAUGA, le préposé au tir les jouait très vite, ou plutôt trop vite et à la main, pour ne pas avoir d'autres échecs à son compteur dans cette partie.

Nous, les avants n'avions même pas le temps de nous replacer, pour aller en soutien !... Nous avons appris à nos dépens, qu'en équipe de France, c'est chacun pour sa gueule pour essayer de sauver sa peau, ou plutôt sa prochaine sélection !...

Avec le Rugby actuel, cela devient pire car il y a beaucoup plus d'opportunités de se retrouver avec la balle en main, et la grande mode c'est de ne pas la passer.

Donc ! Plein feu des caméras sur le porteur du ballon. L'image répétée en cours de match, peut rapporter gros la saison suivante. L'intérêt personnel prime sur l'intérêt collectif !... Mais ce n'est pas nouveau, beaucoup l'on fait avant eux...

Dans ce match de Colombes, nous passions nos ballons, on ne nous en donnait jamais un seul ou pour s'en débarrasser quand il n'était plus jouable. On rongeait notre frein, avec **cette interdiction d'utiliser notre répertoire** !... On fut battu, 9 à 14. Mais soyons sport : Il faut reconnaître que ces Irlandais étaient très bons et n'avaient pas volé la victoire.

En jouant de façon plus posée, plus académique, plus technique, avec cinq avant sur huit on pouvait faire et très bien faire notre vrai jeu. Les consignes Biterroises ne nous ont pas permis de gagner ce match, peut-être que si nous les avions ignorées et que nous ayions réussi cette partie, la diffusion de ces images une fois décortiquées, auraient été certainement plagiées par d'autres club et auraient pu nous nuire dans la continuité de l'épopée Biterroise. Avec un buteur en réussite, on aurait pu aussi gagner. Mais la grande leçon du sport se résume dans l'expression : On ne refait pas les matchs, alors ! Nos adversaires étaient bien partis, surtout après leur victoire sur la France, pour remporter le Tournoi, ils auraient certainement fait le grand Chelem[39]. L'Angleterre avait dû sentir l'humiliation venir, et avec le recul du temps, il est probable que ces Anglais, très faibles cette année-là, avaient trouvé une bonne raison pour faire arrêter la compétition... Une guerre de religion !... Même en sport, ça laisse de l'amertume et des blessures.

---

[39] Obtenu après avoir remporté le tournoi en ayant battu les quatre autres équipes.

Ce jour-là, il y eut sept Biterrois frustrés, sept musiciens sans partition, dans le froid de l'hiver, quémandant presque, avec des mains gelées, comme le fit la cigale à la fourmi quand la bise fut venue : *Un ballon pour subsister.*

Mais nous n'attendîmes pas le printemps pour nous remettre dans la compétition du Championnat. Nous avons subsisté avec nos ballons à tout ce triste hiver, sans perdre aucun match jusqu'au nouveau titre.

Une sélection, on vous la donne, elle est la fierté d'un moment. Un Titre est le résultat d'une compétition, on ne vous décrète pas Champion, comme on vous décrète international. Pour un Brennus vous devez suer sang et eau pendant dix mois de l'année pour le gagner. Il reste un brin de fierté et de bonheur pour toute votre vie ! Pour y arriver, il ne nous restait plus qu'à continuer notre parcours.

A une défaite peut succéder une série de Victoires. Avec le soleil revenu au printemps 1972, nous prîmes d'abord notre revanche dans ce même lieu à Colombes, qui n'était plus dans le crachin, ni dans les projecteurs à quatre heures de l'après-midi, mais était illuminé ce jour-là par un radieux soleil. Dans ce Stade Yves Du Manoir nous battions MONTFERRAND en finale du Challenge Du MANOIR.

Nous remportâmes la semaine suivante contre BRIVE à Lyon, UN DEUXIEME TITRE DE CHAMPION DE FRANCE, le premier doublé de l'histoire du Club, et également un autre premier doublé DU MANOIR – CHAMPIONNAT, et si l'on compte pour la même saison le BOUCLIER d'AUTOMNE et le Challenge Jules CADENAS, tous les trophées de France brillaient dans la vitrine de l'A.S.Béziers.

*

8

Tout était devant les yeux

Il n'est plus besoin de chercher plus loin pour connaître le pourquoi de la réussite et de la longévité sportive de Béziers. Si cela était concevable il n'était pas évident de le faire comprendre sans avoir sous les yeux, si je peux l'appeler ainsi "Son tracé rugbystique, graphique, et statistique de ces vingt-cinq années".

C'est le réel planning qui démontre les quatre conditions indispensables qui ont concrétisé la pratique et la réussite du jeu spécifique de Béziers, à savoir : Apprentissage, Maîtrise, Recherche permanente et Faisabilité. En faisant la rétrospective de toutes ces périodes et en essayant d'y trouver une logique, on peut dire avec certitude que les applications de ces conditions ont produit les mêmes effets. Seuls les âges et le temps en sont les variables et ont fait les différences sur la durée et le nombre de résultats.

Raymond BARTHÈS arrive à Béziers en 1955 jusqu'à la fin de la saison 1964...

Les joueurs ont entre 22 et 26 ans, les plus âgés sont les avants, ils s'entraînent une fois par semaine, et dans la saison

1959-1960, quand quatre ans plus tard, leurs premières performances arrivent, ils ont donc entre 26 et 30 ans.[40] Quelques uns arrêtent après la finale gagnée de 1961 et le parcours se poursuit jusqu'à la finale de 1964.

Raymond BARTHÈS arrête à la fin de la saison 1964-1965. Il ira entraîner Narbonne une ou deux saisons je crois...

Que fait Narbonne avec son nouvel entraîneur... Rien ou pas grand-chose ! Pourquoi ?

A mon avis il a eu trop peu de temps pour instruire et faire appliquer le principe de son jeu à des joueurs qui n'ont pas les automatismes adéquats, à qui il faut tout enseigner.

Pierre DANOS prend l'entraînement à la saison 1965-1966 jusqu'en 1968...

Les joueurs sont un mélange d'anciens de l'équipe de 1961, des moyens qui par leur âge ne sont plus junior A, et nous les plus jeunes qui le sommes encore : LUBRANO André, CABROL Henry, BUONOMO Yvan.

Nous pratiquons tous le même type de jeu. Nous arrivons pour ces trois saisons en 8ème de finale. Je ne sais pas si c'est parce que je jouais deuxième ligne, et de ce fait moins impliqué dans les combinaisons, mais ce mélange ne nous permet pas, nous les jeunes, de nous exprimer pleinement. Il me semble que c'est un peu lent, et le collectif souffre d'un excès d'individualisme de la part des plus vieux. Bien que souvent bons, nous étions trop jeunes pour être des leaders dans le jeu.

Raoul BARRIERE prend l'entraînement à la saison 1968-1969 jusqu'en 1978...

Il faudra attendre trois ans, 1971, pour arriver à la deuxième finale du Brennus, la première de ma génération. Trois ans

---

[40] Depuis 1962 Raoul BARRIERE entraîne les Juniors A

d'apprentissage en commun où l'on s'était retrouvé à la sortie du même moule rugbystique, **ou plutôt du chaudron des formules magiques.**

Comme notre moyenne d'âge était de 21/24 ans après trois années de juniors plus trois années de première, soit six ans en 1971, il est facile de comprendre pourquoi cela durera jusqu'en 1978 avec Raoul, et s'il n'était pas parti, très certainement que cela aurait perduré au-delà de 1984.

Raoul ira à Narbonne, puis Millau, ou l'inverse je ne sais plus, et que feront Narbonne ou Millau avec leur nouvel entraîneur... Presque rien ! Pourquoi ? A mon avis encore et toujours trop peu de temps pour instruire et faire appliquer sa méthode de jeu à des joueurs âgés.

A Béziers par contre, que des joueurs partent et que d'autres arrivent, cela ne changea rien à la bonne marche du jeu. Une base de joueurs est toujours dans l'équipe, et ces nouvelles têtes ne viennent pas de loin, beaucoup émanent de la réserve, la nationale B, ou des juniors A. Ils avaient été eux aussi trempés dans le chaudron magique du jeu, et ils s'adaptaient aux mouvements avec facilité. Le moteur tournait toujours sur huit cylindres et s'il tournait sur sept ou six cela ne se ressentait même pas pour les matchs normaux.

En 1978 Raoul BARRIERE avait arrêté d'entraîner, Richard ASTRE en cours de saison arrêtera également de jouer.

A la fin de la saison 1979, passée sans entraîneur, d'autres joueurs firent de même : CABROL, PESTEIL, SEGUIER et SAISSET qui devient entraîneur pour la saison 1979-1980, l'année où je reviens à Béziers...

De très bons joueurs intégrés au cours des années 1976 – 1977 grâce à la lucidité de Raoul, comme LACANS, CORDIER, MIOCH, WOLFF, ANDRIEU, RIVALO, FORT

A la recherche du Rugby perdu...

sont au top pour les finales 1980 et 1981, et certains seront encore Champions en 1983 et 1984.

Après la saison 1980, CANTONI arrête, et ESTEVE le fera fin 1982.

Dans le huit de devant, deux nouveaux : BAGNAUD et MINARO. La saison 1982 - 1983 s'arrêtera en 1/8 de finale, les saisons de 1983 et 1984 apporteront à Béziers deux autres boucliers. L'équipe est faite d'un mélange, de jeunes, de moins âgés, et encore d'une poignée de vétérans.

Après 1985 il n'y aura plus de vétérans de l'épopée 1971, mais il reste encore des moins âgés, dont celui qui doit être le porteur de la transmission orale, et faire appliquer la continuité technique du jeu qui commençait à s'estomper, c'est Pierre LACANS.

Mais le 30 septembre de cette année-là, le sort en a voulu autrement. Un terrible accident de voiture lui ôta la vie, et priva Béziers du joueur clef à deux casquettes et pas des moindres, le capitaine de l'A.S.B et l'un des plus grand joueur complet de l'histoire du club.

La venue d'un entraîneur qui ne connaissait rien au jeu de Béziers était une hérésie et n'arrangea pas les choses. Il pensait peut-être que l'A.S.B l'amènerait en finale comme de coutume, et les joueurs pensaient, parce qu'ils portaient le maillot Rouge et Bleu, que les adversaires les regarderaient faire quel que soit le jeu qu'ils développeraient. Petit à petit le patrimoine rugbystique va tomber au sein de l'équipe dans l'oubli.

Des joueurs partiront encore du club, mais malgré la présence de quelques anciens Champions de France, la façon de jouer n'est plus la même, les combinaisons se perdent, on ne reconnaît plus l'A.S.Béziers. Pire ! Tout le monde vient gagner à Sauclières puis à la Méditerranée. Les anciens adversaires prennent leur revanche, et la succession d'entraîneurs, doublée de la succession de présidents n'y changeront rien. L'empire de Rome vient de tomber ![41]

Même les anciens chevronnés, qui ont eu le courage de prendre l'entraînement du club comme (donnés dans le désordre) PACO, MARTIN, ASTRE, SAISSET, André BUONOMO ne pourront pas rejoindre (sauf une année avec MARTIN) le dernier carré. Pourquoi ? Si certains joueurs qui étaient sur le terrain connaissaient quelques rôles, avec la venue de nouvelles recrues, certainement prises pour leurs qualités individuelles, cette technicité et ces automatismes, longs à apprendre et surtout pas évidents à mettre en pratique en match collectivement, ne sont presque plus appliqués.

Deux choses m'ont choqué aux quelques très rares matchs que je suis allé voir à la Méditerranée, c'est le comportement de deux joueurs dont je tairai les noms. Le premier prenait une pénalité pour hors jeu dans toutes les mêlées ouvertes, en rentrant seul comme dit l'expression biterroise "Comme un cabourd" et systématiquement allait retomber côté adversaire d'où… Coup de sifflet… Hors jeu … Il paraît qu'il ne pouvait pas s'arrêter ? Quand il avait le ballon en main il fonçait, comme c'est actuellement la mode, dans un adversaire : balle tombée et perdue, mêlée aux autres.

De la tribune cela faisait impression, on adorait sa bravoure, on clamait sa puissance, on proposait un piédestal. Mais en guise de piédestal, suivant la position où il prenait la pénalité, c'est un tee que posait l'adversaire pour nous passer trois points.

Le second joueur, avec de très bonnes qualités en saut et en course, dès qu'il était en possession du ballon, il était inutile que ses partenaires aillent avec lui en soutien, il ne le passait lui aussi jamais. Soit il faisait l'exploit en le jouant seul ! Soit

---

[41] Si d'ailleurs vous cherchez pourquoi l'Empire de Rome est tombé, vous retrouverez les mêmes symptômes que ce qui est arrivé à l'A.S.B

le ballon était perdu !... Les anti-altruistes accapareurs de ballons ça vous détruit une équipe.

Dans les tribunes d'en face, où d'ailleurs j'allais comme un vieux "roumègaïre"[42], je marmonnais :

« De notre temps, ils se seraient vite mis au pli, sinon ils n'auraient pas fait long feu dans l'équipe !»

Avec le jeu que nous faisions, le ballon, nous leur aurions donné, et ils nous l'auraient donné, car dans nos mouvements collectifs, ils auraient été dans l'engrenage et ils n'auraient pas pu le garder égoïstement.

Rien qu'à voir ces deux façons inadaptées dans le système biterrois, j'ai compris qu'en plus du jeu - tout avait changé - et surtout l'état d'esprit, **force invisible de ce jeu.**

Je n'ai jamais parlé avec mes coéquipiers au cours de réunions d'anciens ou dans nos rencontres amicales de leur période d'entraînement, ni des difficultés qu'ils ont pu rencontrer. Cela m'a permis de garder, si je puis dire, un regard au-dessus de la mêlée. Il est certain qu'il a dû y avoir des divergences de vues, de choix et de perspectives au sein même du club entre les dirigeants, le bureau, les sponsors, sur tout un tas de décisions liées aux finances, ou au recrutement, tout cela s'amplifie quand les résultats ne sont pas au rendez-vous rapidement. Ils ne resteront pas longtemps à leur poste. Pour le pouvoir et la notoriété, les personnes deviennent féroces, même dans le sport.

Aujourd'hui en écrivant ce récit, en décomposant l'histoire de l'A.S.Béziers, et tout en les remerciant d'avoir eu le courage d'essayer, je me rends compte que dans le laps de temps qu'ils ont eu, avec certainement la pression des dirigeants et des sponsors toujours en attente de résultats positifs et rapides,

---

[42] Ronchon

c'était une mission quasi impossible de ramener Béziers dans le peloton de tête du Rugby français[43]

Je comprends également pourquoi ceux qui leur ont succédé et qui n'ont pas connu tout l'ensemble du système biterrois, et ceux qui sont arrivés même à la fin des années de gloire et qui en connurent pas grand-chose, à part quelques noms d'anciennes formules magiques[44], n'ont pu sans la technique emmagasinée pendant ces vingt-cinq années **et un état d'esprit particulier sur le terrain**, faire des miracles.

La liste de ces entraîneurs est longue, donc changeante : une, deux, trois saisons grand maximum, donc sans continuité. Et non seulement ils n'ont pu remonter le club dans les hautes sphères de la première division, mais c'est le contraire qui s'est même produit, jusqu'à en arriver à le faire descendre aux enfers dans deux divisions inférieures.

Le Professionnalisme arrive...

En 1987 il y a eu la première coupe du monde. La notion de joueurs ayant des rémunérations compensatoires commence à émerger chez les All-Blacks et va faire son chemin dans l'hémisphère Sud. Le professionnalisme n'arrivera en Europe qu'en 1996, il sera officiellement autorisé avec une somme plancher.

Il se fit, dans tous les clubs, de bons mais aussi de mauvais recrutements. Beaucoup étaient des mercenaires. Ce n'était plus les joueurs des villages ou des villes d'à côté comme au bon vieux temps, mais des joueurs de toutes les régions de l'Europe et du bout du Monde. Ils ne viennent jamais pour faire des troupes de combats, mais jouent individuellement ce qu'on leur a appris ailleurs. Le mot altruisme, ils le laissent dans le placard du vestiaire. Dans leur tête, une seule idée

---

[43] Sauf une année en ?

[44] Et encore j'ai un gros doute

« *Pourvu que l'on me remarque !* » Se disent-ils pour faire monter les enchères. La saison suivante, ils iront signer un contrat plus intéressant dans un autre pays. Tout le reste ils s'en foutent complètement.

L'esprit de clocher... « *Pardon !* pourraient-ils dire *Vous m'avez dit clocher ? Qu'est-ce donc ?* » L'esprit de clocher disais-je, c'est ce qui fait arriver les victoires ; on se bat pour son club ; on se bat pour la couleur d'un maillot ; on se bat pour un drapeau rouge et bleu qui flotte par tous les vents ; on se bat pour l'honneur de sa cité ; on se bat pour une foule de supporters qui vous soutiennent et méritent cet honneur ; et enfin on se bat aussi pour son propre honneur et son amour propre. Surtout on ne triche pas sur le terrain avec ses partenaires, on ne s'économise pas dans les épreuves de force et de placages en accord avec sa propre conscience. Tout cela dans un seul "but", ou plutôt en Rugby un seul "essai", celui qui nous fait gagner.

Si mon propos est sévère, sur ce professionnalisme que nous n'avons pas connu, il suffit de regarder ce qui se passe aujourd'hui dans le Championnat Français.

On monte des équipes à coup de millions d'euros, avec des recrues, dont la plupart est constituée d'internationaux étrangers. Mais le Rugby, ce n'est pas le Football, si une hirondelle ne fait pas le printemps, on peut comprendre très vite, qu'un Sumotori de 200 kg s'il joue devant il ne tiendra pas tout seul une mêlée, il lui faudra sept autres partenaires, et s'il joue derrière il n'avancera pas de 20cm s'il est plaqué aux chevilles.

Le football Américain et le Rugby sont les seuls sports au monde où l'on peut plaquer le porteur du ballon. Ce sport est un jeu collectif, la solution de base si l'on veut avancer en jouant, la chose qui paraît simple, mais qui en fait ne l'est pas, c'est, dans votre course intentionnelle pour fixer l'adversaire, de donner un ballon propre à un de vos partenaires juste avant l'impact du plaquage. C'est de lui "OFFRIR" votre ballon, en regardant bien la passe que vous lui faites, et non pas en admirant béatement votre plaqueur, lequel de toute façon vous mettra un tampon. Se sacrifier c'est l'acte nécessaire et incontournable pour faire vivre le ballon par le jeu. Si le Rugby supporte aussi l'individualisme, c'est seulement en finition d'actions offensives, ou sur des contres opportuns avec un peu de champ devant soi, qui permettent de prendre le large.

Cet état d'esprit n'est pas ancré dans toutes les têtes, même celles de grands dirigeants par leur titre et non par leur savoir.[45]

J'ai entendu à la radio (R.M.C pour être précis), un ancien entraîneur d'un club du Top 14, qui antérieurement avait aussi entraîné le XV de France, et occupe en 2019 un haut poste à la F.F.R, dire la chose suivante :

« Les statistiques montrent que 72% des essais sont marqués sur des contres !... Donc ! A chaque entraînement du club nous travaillons dans ce sens... »

Je n'ai pas mis plus de deux secondes pour comprendre, sachant cela, le jeu de ce club, dont effectivement je n'arrivais pas à saisir jusqu'alors la façon dont les joueurs s'exprimaient.

Cet entraîneur ne pratiquait pas un esprit Rugby, il donnait à partir de ces statistiques une seule directive à son équipe... Pour essayer de gagner.

Ce club avait recruté un ouverture de grand talent, Champion du monde, un joueur en tout point remarquable, ayant le sens du jeu, étant rapide, solide, très bon défenseur et très bon attaquant. Il avait toutes ces qualités, mais on lui donnait certainement la consigne de passer une très grande partie du match à taper des chandelles sur l'adversaire.

Et malheureusement c'était ce que l'on voyait à la télé pendant la quasi totalité du match. Sur ces chandelles, toute

---

[45] Lisez bien ce qui va suivre vous comprendrez le pourquoi de l'état du quinze de France.

l'équipe était à l'affût pour récupérer ce futur ballon d'essai. Ces échanges pouvaient, ou plutôt duraient de très longs moments, jusqu'à provoquer les sifflets de son propre public.

Un des deux centres de cette équipe, à la carrure d'un avant, s'était spécialisé dans la récupération par arrachage des ballons au sol et était présent dans toutes les mêlées ouvertes... Il aurait dû le mettre talonneur !

C'était une bien étrange façon de faire jouer une équipe, et une bien triste façon de concevoir une méthode aléatoire pour marquer des points, en renvoyant systématiquement le ballon dans le camp de son adversaire pour le prendre en défaut, puis essayer à nouveau de le lui reprendre, et essayer, enfin ! de marquer un essai...

Cela faisait beaucoup d'"essayages", beaucoup de conditionnel et beaucoup de temps perdu et désolant en regardant un tel spectacle.

Le schéma et l'esprit de cette phase de jeu ressemblent comme deux gouttes d'eau à cette pénalité que je vous ai décrite, où l'on tape en touche, pour re-disputer le ballon, etc. Si des entraîneurs de haut niveau font volontairement appliquer ce genre de tactique, on comprend mieux la pauvreté technique du Rugby sur le plan français. Mais il y aura, car c'est déjà écrit et j'en suis sûr, un Champion de France encore cette année... Et les années suivantes... Mais, sur le plan international, la France sera-t-elle championne du monde ? L'histoire n'est pas encore écrite !... Et j'en suis moins sûr ! Le Tournoi de 2019 a déjà été une catastrophe.

Si le niveau international n'est pas brillant, le vrai jeu de Béziers, lui, s'est complètement perdu !... La question est de savoir si le club, dans les décennies qui ont suivi la grande épopée, en a été conscient. Car à force de voir ce Rugby que l'on montrait à la télé, toutes les présidences et les staffs successifs, ont-ils peut-être pensé qu'avec les nouvelles règles, il était maintenant impératif de jouer de cette façon ?

Ma réponse bien sûr est : NON ! Absolument pas ! Car notre vrai jeu avec ce règlement serait encore plus performant maintenant. Mais puisqu'il y avait, et il y a toujours à chaque match un gagnant et un perdant, et même s'il y a, en faisant un mauvais jeu de mots, pas mal de matchs "Nuls" par le jeu, il y a, à l'inverse de rares "matchs nuls" par le score, en fin de saison quoi qu'il advienne il y aura toujours un Champion de France. **Comme l'A.S.B ne gagnait plus ou peu, ils ont pu penser que ce jeu Biterrois n'était plus dans le coup. En fait c'est le jeu Biterrois qui n'était plus joué.**

Il est certain que si je n'avais pas fait partie de l'aventure biterroise, et si je n'avais pas été acteur au cœur de sa mêlée, j'aurais pu moi aussi faire la même erreur d'appréciation, tomber dans le piège de la médiatisation, et laisser faire des compétences autorisées par leurs diplômes sportifs en croyant bien faire.

Même si je ne fréquentais pas les stades, et si je regardais qu'un match de temps à autre, souvent je rencontrais des amis ou des anciens joueurs de tous niveaux, qui ne pouvaient s'empêcher de me parler Rugby. J'eus par leur témoignage leur ressenti de spectateurs, qu'ils fussent chauvins incompétents ou techniciens passionnés, mais tous bon public pour ce sport, ils me firent les mêmes commentaires : « *Qu'est-ce qu'on s'emmerde maintenant devant la télé en regardant le Rugby ! Ils ne font que se rentrer dedans ! Ou bien ils tapent en se renvoyant la balle pendant un quart d'heure ! C'est plus du Rugby ça, c'est du n'importe quoi. En plus ils jouent tous pareil ! C'est inintéressant ! C'est la faute aux nouvelles règles, on n'y comprend plus rien du tout !* »

Cela me rassurait, en sachant que je n'étais pas le seul à penser la même chose devant la télé. Et si je disais, quelques lignes avant, que j'aurais pu faire la même erreur d'appréciation avec ce jeu, ces instants de rencontres avec mes connaissances, si elles me faisaient dire la même chose dans une grande partie de leur critique analyse *« Oui ! Ils ne font que taper, se rentrer dedans, et ils jouent tous pareil ! »* Par contre "Non !" Je ne pouvais pas approuver la dernière phrase. Ce n'était pas les nouvelles règles qui faisaient que l'on voyait une cacophonie gestuelle dans un pauvre et triste jeu en les appliquant ; elles n'étaient nullement la cause du mal, bien au contraire, elles ont atténué les écarts entre les équipes. Les touches et les mêlées en sont les preuves visuelles pour les spectateurs, le partage est assez équitable. Malgré ce nivellement, elles auraient été les idylles parfaites de notre façon de jouer, et c'est même avec une grande nostalgie, et beaucoup de regrets que je pouvais leur dire : *« Ah ! mes amies, si nous avions eu de notre temps la chance de vous connaître, nous aurions pu passer grâce à vous de meilleurs moments de bonheur! »*

Des touches où l'on lève les sauteurs qui ne forcent plus et où l'on est quasiment sûr d'avoir le ballon et s'ensuit... Le départ du jeu !... Devant ? Derrière ? Attaque ? Défense ? Au choix !...

Des mêlées où l'on se cale bien gentiment sans des entrées en bélier, avec interdiction de les tourner, et chaque fois qu'on les enfonce, cela vous donne droit en récompense, à un "Bon point" : Une pénalité à jouer.[46]

La troisième ligne adverse scotchée à la mêlée, qui ne peut se détacher tant que la balle n'est pas sortie et jouée. Cela

---

[46] L'écriture est une chose extraordinaire, car elle ouvre l'esprit. Pourquoi je dis cela ? Parce qu'en écrivant ce paragraphe, je viens de me rendre compte que l'on pourrait faire une combinaison qui avec les nouvelles règles apporterait maintenant un double souci à l'adversaire.

permet de faire des départs dans les meilleures conditions et s'ensuit !... Le départ du jeu ! Devant ? Derrière ? Attaque ? Défense ? Au choix !

Des mêlées ouvertes où ne sont "au charbon" qu'une minorité de joueurs. Les autres, en position de sprinter dans leurs starting-blocks virtuels sont prêts à côté, à bondir.

Dans ces positions-là il est évident que quand le ballon sort, et que le jeu se déploie, on dit que ça joue maintenant beaucoup plus vite, mais à mon humble avis pas très longtemps. Car avec toutes ces défenses à plat et à hauteur, et comme les attaquants le sont quasiment aussi, deux à trois passes plus tard, le porteur du ballon est à nouveau plaqué ou arrêté, s'il n'y a pas eu franchissement, **balle en main et non au sol**, de la ligne d'avantage, ou si une faute est commise, ou s'il y a eu en avant, c'est à nouveau obligatoirement un nouveau "Ruck" ou une mêlée à former.

Si ça va plus vite, vous remarquerez aux prochains matchs que ceux qui étaient dans le précédant Ruck ont mis, le même temps qu'au bon vieux temps pour se relever du sol, et arriver dans le nouveau Ruck à 15 ou 20 mètres plus loin. Non ! Ce n'est pas de l'autre côté du terrain à 80 mètres, ou 100 mètres, en tenant compte de la diagonale. Non ! A 15 ou 20 mètres seulement.

Un appareil que l'on pourrait nommer le "Releveur de joueur" n'a pas encore été inventé et les joueurs au sol mettent toujours quasiment le même temps à quelques dixièmes de secondes près pour enlever leur fesses de la pelouse, courir, et venir se repositionner dans l'action suivante.

Le leurre actuel de rapidité que l'on voit, est souvent contre productif dans les attaques des lignes arrières. Ces quelques avants qui n'ont pas rejoint le nouveau "Combat", traînent entre ces deux points d'actions, d'où ils sont bien sûr absents volontairement ou involontairement, pour des raisons qu'eux seuls et peut-être l'entraîneur connaissent.

Au lieu de rester dans un soutien en deuxième rideau, ils s'intercalent carrément entre les arrières provoquant par leur plus lente gestuelle et un mauvais tempo, un ralentissement important dans la transmission du ballon, quand celui-ci a été bien réceptionné, et faut-il encore qu'il soit bien transmis. Leur position dans cette image de jeu peut faire croire à cette notion de rapidité.

Si ces avants occupent en cours de match, de leur propre initiative, cette place de trois-quart centre ou d'ailier, à mon avis ils sont dans l'erreur, ou en retard, ou à la traîne dans leur replacement en tant qu'avants. Par contre s'ils sont là, suite à des consignes, pour essayer de percer avec leur puissance la défense adverse, alors il serait plus opportun qu'ils restent en profondeur, et n'interviennent seulement que dans un éventuel deuxième temps lorsque le porteur du ballon de leur ligne arrière va être bloqué.

La notion de vitesse ne dépend pas du leurre visuel, comme m'a dit un joueur qui n'était pas des plus rapides sur le terrain : *« Maintenant ça va trois fois plus vite qu'avant ! »* A son exagération qu'il pensait vraie, je lui ai répondu :

« C'est possible ! Mais, tu fais partir USAIN BOLT assis sur la cendrée, tu verras qu'il ne battra pas les records du monde... Pour les joueurs actuels, tu fais d'abord des séries de chronos pour connaître leur vitesse, puis pendant 80 minutes, tu leur fais faire un match, mais avec les anciennes règles, et ces bonnes vielles mêlées ordonnées poussées sans limites de marche arrière. Aux mêlées ouvertes, cinq, six ou sept joueurs devront être présents au regroupement, même s'il est sur la touche d'en face, ou à 80 mètres plus loin. Sur les touches, tu interdis qu'on marche pour y aller, on y va en courant, et ensuite on saute sans se faire lever. Les mauls, tu les fais avec le ballon devant, sur le premier, que les bras laissent leur force et du jus pour le garder avant de le sortir, mais pas au chaud, sur le dernier, et en prime tu autorises l'adversaire à

les écrouler. Sur les placages, lâchage obligatoire du ballon avant qu'il arrive au sol ; et surtout pas un seul remplaçant, sauf sur blessure, avec un maximum de deux.

Prends bien soin de les recouvrir avec tous les capteurs que tu trouveras, comme cela tu prendras toutes les mesures et tous les chronos avant et pendant le match, et tu en compareras les pourcentages à diverses périodes, entre le début et la fin du match...

A mon avis tu auras des surprises !... De très grandes surprises !... Je suis certain que même avec leurs entraînements actuels, il y en a qui ne finiront pas la partie. »

Je plaisantais un peu en lui disant cela car des comparaisons affirmatives sans les mêmes bases de données ne veulent rien dire. L'Athlétisme a l'avantage d'avoir des chiffres pour comparer tous les records. Malgré cela est-ce que tout est réellement juste ? Non ! La vitesse du vent, même dans la fourchette de pourcentage permise, peut jouer sur les résultats.

Les équipementiers font d'énormes progrès. Les composants des accessoires et du matériel s'améliorent constamment. La recherche est performante dans ces domaines.

Le Rugby a bénéficié aussi de tous ces avantages techniques pour le confort des joueurs. Des ballons imperméables ont été agréés, ils remplacèrent ceux en cuir cousu, qui avaient remplacé ceux à lacets et déformés. Des maillots légers super résistants, qui laissent passer l'air et sont imperméables, sont d'un confort appréciable. Les chaussures devenues bien plus légères, sont des pantoufles à côté de celles que nous avions, qui furent également mieux que celles de nos débuts avec les crampons en cuir cloués, qui avec l'usure rentraient dans nos pieds avant chaque fin de match.

Pour faire d'autres comparaisons, il faudrait tout décortiquer, tout séquencer, tout mesurer, tout peser, et tout chronométrer. C'est d'autant plus mission impossible que, en ce qui concerne les statistiques individuelles de chaque joueur, à part les titres obtenus et les finales jouées, rien n'a jamais été comptabilisé, établi ou fiché officiellement. Je dis cela sur un constat personnel, et je pense qu'il en fut de même pour tous les autres joueurs. On ne sait rien de nous-mêmes sur notre passé sportif, de notre vitesse, de notre détente, de notre force, ni le nombre de matchs que l'on a joués, ni le nombre d'essais que l'on a marqués, exception faite pour les ailiers, quand au cours des saisons les records de points et d'essais étaient battus par ces joueurs.

C'était la presse spécialisée qui tenait les comptes, et en faisait l'annonce en fin d'année.

Si l'on connaissait notre taille et notre pesée, le poids que le club donnait à la presse était faux, avec une minimisation de kilos pour faire croire à l'adversaire que leur pack était plus lourd que le nôtre. C'était de bonne guerre, mais comme pas mal de club faisait exactement la même chose, on était dans une "Vraie – Fausse information égalitaire !" Sur le poids des packs, les medias mentaient, mais sans faire du mauvais esprit : Ils travestissaient la vérité en toute bonne foi !

A cause de cette méconnaissance de nos capacités et de nos performances physiques, on ne peut faire aucune comparaison. Mais je pense, et très sincèrement, qu'actuellement les joueurs avec leur entraînement quotidien et un suivi médical permanent, sont en meilleure forme que ce que nous l'étions. C'est aussi, ne l'oublions pas, devenu leur métier.

C'est pour cela que certainement tous les matchs se gagnent davantage avec le physique qu'avec la technique. Les exploits individuels et le remplacement de joueurs usant du pilonnage constant, remplacent la technique et la science du jeu.

9

Le Secret de Filippo BRUNELLESCHI

Je pense que le Rugby de Béziers de ces 25 années glorieuses doit être considéré comme un patrimoine "Sportif-Culturel" Le spectacle était visible, il se passait sous les yeux de tous, il était performant. Les résultats, records, titres et trophées, en sont le témoignage.

Par contre a été impalpable, indécelable, invisible, la valeur intrinsèque du jeu. Celui-ci n'était ni une énigme, ni un mystère, mais fait d'un enchevêtrement de combinaisons, elles-mêmes incluant un partenariat collégial, qui devait avoir aussi le geste individuel juste et synchronisé pour assumer ces mouvements, le tout suivi en sortie d'un développement du jeu de la plus classique des façons... En bref, les touches et les mêlées étaient les introductions du texte; à partir de là les avants récitaient une leçon commune, émanant d'un ensemble d'exercices qui avaient été composés par le professeur Raoul ; les arrières en rédigeaient la conclusion.

Pour faire une comparaison plus concrète, lorsqu'on vous commente la visite d'un édifice, on admire l'œuvre dans son ensemble, on vous parle toujours de la date de sa réalisation, de la durée des travaux, du type de son architecture, de son style, de la qualité de ses matériaux, tout cela d'une façon générale. Les détails qui ont permis la réalisation ne sont jamais évoqués. Beaucoup d'œuvres gigantesques gardent encore leurs secrets. Le plus connu, mais encore inconnu, c'est celui de la construction des pyramides.

Alors, je vais vous raconter une belle histoire qui a priori n'a rien à voir avec le Rugby, je dis bien a priori !...
Et pourtant !...

Je ne pense pas que vous puissiez connaître Filippo BRUNELLESCHI. Ce n'est, ni un joueur, ni l'entraîneur d'un club sportif Italien ou autre. A l'époque où il a vécu, le Football et le Rugby n'étaient pas encore inventés.

Filippo BRUNELLESCHI est né en 1377 et décéda en 1446. Son père lui avait fait apprendre l'orfèvrerie.
Dans la ville de FLORENCE en Italie, une cathédrale avait été édifiée, c'est la cathédrale SANTA MARIA DE FIORE. Sa construction avait été décidée en 1296.
D'ARNOLFO de CAMBIO démarra le chantier en 1331, mais la construction, retardée par des difficultés politiques et sociales et surtout par des épidémies de peste noire qui décima en 1348 la moitié de la population de FLORENCE, verra s'achever le chantier avec beaucoup de retard en 1380, soit 69 ans plus tard. Les constructeurs, s'ils avaient laissé la base de l'octogone destinée à accueillir la coupole et le dôme, il restait à le réaliser dans ce trou d'environ 45 mètres de diamètre.
C'était un ouvrage plus grand que tout ce qui avait été construit à l'époque, dont le record était la cathédrale SAINTE SOPHIE à CONSTANTINOPLE, qui mesurait seulement, si l'on peut dire, 31 mètres de diamètre.

Un concours public est lancé pour ce projet de coupole/ dôme. Seront retenus pour réaliser cette tâche Lorenzo GHIBERTI et Filippo BRUNELLESCHI.

Filippo BRUNELLESCHI était en train de construire un modèle pour le compte de l'Opéra del Duomo (Muséo del Opéra del Duomo) à Rome. Il avait été pris malgré son refus de présenter devant ses rivaux le modèle de sa conception pour ne pas être copié, mais il avait demandé aux juges de ce concours de donner la conception de l'ouvrage, qu'il soit Italien ou étranger, à celui qui serait capable de faire tenir un œuf debout sur une plaque de marbre. Personne n'y parvint. Il démontra alors que c'était possible en écrasant tout simplement très légèrement l'œuf sur sa base, et l'œuf se tint droit en équilibre.

Pour construire cette coupole de Florence, il doit résoudre plusieurs problèmes. D'abord la première difficulté réside dans l'impossibilité d'ériger comme le voulait la technique de l'époque, en édifiant sous la voûte un cintre de bois[47] sur lequel elle serait modelée, sa base de 41,98 mètres est trop large pour cela. Le coût évalué pour ce poste, matériaux, main d'œuvre, est exorbitant, et il faudrait abattre trois grandes forêts rien que pour les bois de soutènement. Ensuite il doit trouver un moyen pour monter les matériaux à minima 53 mètres de hauteur pour arriver à une fin de construction à 90 mètres du sol.

Pour cela il inventera un palan à roue qui lèvera 7 tonnes de matériel par jour nécessaire à la construction.[48]

---

[47] Un coffrage
[48] Le paragraphe ci-après pour les passionnés de constructions, peut-être sauté en lecture. Description ci-après de la fabrication de l'ouvrage relevé sur l'Internet.

A la recherche du Rugby perdu...

Le dôme de Florence *(Photo - Collection privée Cécilia Lasne)*
L'invisible est réel, les âmes ont leur monde
Où sont accumulés d'impalpables trésors (Alfred de Vigny)

« Il s'inspira de la coupole du Panthéon antique, à Rome, construite en 27 avant J.C, reposant elle aussi sur une base octogonale. Le dôme est donc constitué d'une base, de nervures de pierres visibles extérieurement, renforcées à l'intérieur par 8 autres nervures formant un polygone de huit arcs en ogive, joints en leur sommet par un imposant lanternon de marbre. Elles sont reliées entre elle par des anneaux de maçonnerie de briques, de tailles décroissantes, de façon à absorber les poussées latérales qui s'exercent sur elle. Le tout est maintenu par deux coques de briques légères, une externe, de 80 centimètres d'épaisseur, une interne de 2 mètres d'épaisseur. Les briques sont assemblées et cimentées dans un mortier à prise rapide en formant une «chaînette renversée ». Les briques constituent en réalité d'immenses tuiles, orientées d'une façon radiale vers des « points glissants » sur un axe vertical situé au centre du dôme. De plus, leur disposition particulière, dite « spina di pece »[49], qui est une technique de construction héritée des Etrusques, forme d'immenses spirales de briques, permettant de répartir le poids sur la surface portante en expansion. Ces techniques combinées entre elles, ont permis de constituer une structure autoportante, sans cintrage, ce qui était l'objectif principal de Brunelleschi.

Enfin la lanterne de pierre, en marbre, leste la coupole et empêche la structure de s'écarter. La construction s'étale de 1420 à 1436, avec une interruption en 1434 à la suite de l'exil de Cosme l'Ancien, fondateur de la dynastie politique des Médicis. Comme promis, Brunelleschi n'utilise aucun échafaudage, ni étai, mais des poulies qui permettent de hisser chaque jour 7 tonnes de matériel. »

Avec ce survol des techniques de construction sans cintrage, il apparaît que la géométrie d'une surface sphérique semble posséder une des qualités fondamentales recherchée par BRUNELLESCHI : l'auto-soutènement.

BRUNELLESCHI et ses amis maîtrisaient le principe de la chaînette[50] dans le visible et dans l'invisible.

---

[49] Disposition en arête de poisson qui forme une spirale continue de forme octogonale.

[50] Principe connu en Physique

A l'évidence il se passionne pour la découverte d'un principe universel invisible, qu'il est en train d'arracher aux secrets de la Nature.

Le poids du Dôme, et c'est là que l'on se rend compte que cette réalisation a dépassé l'inimaginable, pèse 37.000 Tonnes, vous lisez bien (Trente sept milles tonnes). Cela équivaut au poids de 17.000 containers 20'(?) vides, que seuls quelques gros porteurs maritimes dans le monde ont la possibilité d'accueillir actuellement à leur bord et de transporter.

Les travaux ont duré seize ans (1420-1436) **et BRUNELLESCHI ne laissera aucune archive de la réalisation de cette construction** faite d'un polygone à huit arcs en ogive, deux coques, une externe de 80cm, et une interne de 2 mètres d'épaisseur avec un vide entre les deux d'un mètre. Il emportera ses secrets avec lui. Des générations d'érudits s'échineront à percer le mystère de cet arceau, érigé sans arcs-boutants, sans étais, sans échafaudage. Et pourtant tout était devant leurs yeux.

On lui avait prédit que son Dôme s'écroulerait avant la fin de la construction.

Six cent ans (600) ans plus tard il est toujours là, sous les regards et l'admiration de tous, gardant pendant ces six cent ans avec lui son secret de construction.

Ce secret a été trouvé il n'y a pas très longtemps en 2002 par le professeur d'architecture Massimo RICCI après 25 (vingt-cinq) ans de recherches, et après avoir réalisé dans un parc de Florence une maquette au 1/5ème, en faisant venir des États-Unis des maçons très spécialisés. La conclusion de Massimo RICCI, sera que, la structure autoportante de BRUNELLESCHI doit sa solidité à la disposition des briques en chevrons, et à une inclinaison précise de la voussure[51].

---

[51]. Courbure d'une voûte, d'un arc.

Alors, quel rapport entre le jeu de Béziers est le Dôme de Florence ? Vous allez peut-être penser que comme dans l'équipe de Béziers il y avait des noms aux terminaisons en "O" et en "I", ces voyelles qui résonnent dans les noms italiens, et notamment le mien, que c'est grâce aux "Mangeurs de pâtes et buveurs de Chianti de l'A.S.B" que l'équipe était performante. Non ! Aucun rapport…

J'ai essayé de vous démontrer à travers les chapitres que la façon de jouer de l'A.S.Béziers était bien différente du jeu classique des autres équipes. En fait, cette façon de jouer avait un plus que nous ignorions, comme Obélix qui était tombé dans le chaudron de la potion magique quand il était enfant, nous[52], dès les juniors, qui formeront l'équipe première de la fin des années soixante, nous avons été immédiatement immergés dedans, on nous faisait nager dans cette potion magique à tous les entraînements, et cette gestuelle appliquée nous a donné sans le savoir un pouvoir, une force supplémentaire.

Tout ce que l'on nous apprenait, nous paraissait naturel, simple et cohérent. Un peu naïvement je pensais que tous les clubs s'entraînaient de la même façon que nous. Car le dimanche sur le terrain, un adversaire fait aussi des combinaisons.

Il nous appartenait de le contrer en défendant. Si à la fin on gagnait, on pouvait supposer que notre jeu était certainement supérieur au leur, la comparaison s'arrêtait là. A force de nous rencontrer, tous connaissaient les noms de nos mouvements. Souvent je me posais la question : pourquoi ne font-ils pas pareil que nous ?

---

[52] Les joueurs de ma génération

Juste une petite anecdote qui peut expliquer l'incompréhension de notre jeu même par de grands joueurs adversaires de notre époque :

En 1986, le 6 décembre pour être précis, je me souviens de la date, ma dernière fille est née dans la nuit du 6 au 7. Nous avions tous pris notre retraite, mais pour le téléthon qui était organisé à Castres, nous avions été invités à rechausser les crampons, pour faire un match contre l'équipe du C.O[53] renforcée par des internationaux. Nous avions, à deux ou trois joueurs près, répondu présents. En face il y avait pléthore de grands joueurs : SKRELA, RIVES, VILLEPREUX, MASO, Walter SPANGHERO, etc. Au moment de faire notre équipe, il nous manque un avant, on va demander à Walter notre voisin Narbonnais de se mettre avec nous au poste de deuxième ligne, et voilà ce qu'il nous répond avec son accent typique du Lauragais : « *D'accord, je veux bien les gars, mais quand vous ferez vos trucs, là devant je resterai en dehors du pack, je ne comprends rien à ce que vous faites !* »

Même avec un demi Walter dans les mouvements ce jour-là, on n'est pas arrivé à perdre !... Mais Walter qui nous avait joués tant de fois ne savait absolument rien de nos annonces et des combinaisons, pour lui c'était de l'Hébreu.

Voilà peut-être pourquoi, dans tous les clubs de France, les joueurs, croyant que leur jeu était la seule vérité rugbystique, et les entraîneurs ne pouvant pas leur apprendre ce qu'il ne savait pas, ont persisté dans leur répertoire sans essayer de copier notre partition, ils voulaient surtout nous contrer en nous empêchant de jouer, d'ailleurs pas toujours dans les règles qui étaient en vigueur.

Comme évidemment de temps à autre, bien que très, très rarement, on perdait un match, ce vainqueur pouvait se

---
[53] Castres Olympique

glorifier d'avoir battu et humilié le grand Béziers, et commençait peut-être à rêver de titre.

La mésaventure est arrivée à MONTCHANIN, qui après un match perdu d'un ou deux points chez eux, avait médiatiquement fait savoir que Béziers ne méritait pas d'être Champion de France ; qu'on était des nuls, et tout le vocable de la griserie de la victoire, qui se transforme par les vapeurs d'alcool en mal de tête une fois redescendu sur terre.

Malheureusement ils en auront un second, le jour où ils vinrent dans le temple où l'on ne perdait jamais, SAUCLIERES. C'était en 1980, SAISSET avait prédit le résultat du match avant qu'il soit joué, il nous avait tout simplement annoncé : « Aujourd'hui on leur fout 100 points ! »… Et ce fut fait !

Vous vous demandez toujours quel rapport peut-il bien y avoir entre le Jeu de Béziers et le constructeur du Dôme de FLORENCE Filippo BRUNELLESCHI ?

D'abord il n'a laissé ni schémas, ni plans, ni calculs de son œuvre. Seules restent quelques lettres échangées, comme cela se faisait en ces temps-là ; de simples correspondances entre grands hommes de ces siècles : Architectes, Chercheurs, Scientifiques, Astrophysiciens… Et en parlant de ce Dôme de 37.000 tonnes qui a été construit, il faut le rappeler, sans échafaudage et sans étai, il y a six cent ans, il en définit la conception en écrivant ceci à un de ses amis :

« Cette force n'appartient pas à la nature de sa matière mais émane du pouvoir de sa structure géométrique »

Oui ! Cette simple phrase est la clef de la réussite de cette gigantesque construction impossible du Dôme mais bien réelle de Florence, l'astuce technique du principe de sa conception est le secret physique, géométrique, philoso-

phique ignoré ayant contribué en partie sans que l'on s'en doute, également à la réussite de l'A.S.Béziers.

Ces tracés de nos mouvements ou de nos gestuelles définis par Raoul, avec une minutieuse précision, que l'on se devait d'appliquer et qui étaient devenus des automatismes contenaient dans leur fonctionnalité des formes géométriques. Et ces formes géométriques possédaient un pouvoir intégré qui était la force que définissait leur formule physique, d'où une influence sur notre propre physique corporel.

Raoul le savait-il d'une façon formelle ?

Je pense qu'il s'en doutait d'une façon informelle car ses directives sciemment dispensées, par le positionnent de nos corps, de nos courses et de notre gestuelle, contenaient des vérités physiques de sa connaissance professionnelle, mais il n'avait certainement pas fait le rapport avec le contexte d'une force supérieure abstraite donc invisible, d'où le fameux secret de Filippo BRUNELLESCHI « Un Secret arraché à la nature ». Car ce secret avait un secret...

En lisant d'autres textes sur les explicitations de la construction du Dôme de Florence, plusieurs choses ont été assez troublantes et ont retenu également mon attention. Le principe employé a été le principe en physique dit "De la chaînette". Le génie constructeur BRUNELLESCHI prouve que ce principe est aussi efficient dans l'autre sens dit "De la chaînette inversée". Et il l'a adopté pour son Dôme.

La chaînette inversée a en plus d'autres qualités physiques. Pierre de FERMAT (1601-1665) la définit 200 ans après cette construction de la manière suivante :

« La courbe de la chaînette, en opposition avec les courbes algébriques, appartient au domaine des courbes physiques, et ***exprime le principe de la moindre action !... »***

Ainsi défini, il appelle cela « **Le principe d'économie naturelle** »

LEIBNIZ (1646-1716), reprenant le principe du minimum/maximum, que Nicolas de CUSE avait déjà identifié en travaillant sur l'isopérimetrie, le formule ainsi :

« *Il y a toujours dans les choses, un principe de détermination, qu'il faut tirer de la considération d'un maximum et d'un minimum, à savoir que le maximum d'effet soit fourni avec un minimum de dépense* »

En clair, en ce qui concerne cette relation dans le jeu avec notre technique individuelle ou collective, c'est tout simplement que toutes nos combinaisons, animées par nos mouvements statiques ou mobiles, incluaient une gestuelle précise, avec laquelle nous tracions inconsciemment des figures géométriques, des courbes, ellipses, demi-cercles, cercles, lignes droites, obliques ou triangles... Leurs tracés virtuels précis, que suivait le positionnement de nos corps, assuraient en grande partie la réussite de nos actions.

Et ce principe de mouvements dirigés, annihilait de surcroît les velléités et les forces de l'adversaire, et nous permettait de maîtriser la possession du ballon, avec un effort moindre, donc une économie physique.

Tout cela ainsi écrit peut paraître compliqué, mais c'est aussi simple que le principe de l'œuf que l'on veut faire tenir debout sur une plaque de marbre. Il suffit de savoir, et de vouloir appliquer nos combinaisons. Là où cela se complique un peu lorsque l'on connaît les principes de ces mouvements, c'est de **TOUT SIMPLEMENT PENSER SUR LE TERRAIN A LES FAIRE A L'INSTANT "T", RAPIDEMENT DANS UNE ADHESION COLLECTIVE ET AVEC UNE GRANDE MAÎTRISE.** Cette maîtrise nécessite que l'on connaisse la réponse à ces deux adverbes interrogatifs : "Quand et pourquoi ?". Cela s'acquiert dans le temps avec la pratique et surtout avec la vision et le sens du jeu. Alors les deux adverbes se transformeront peu à peu en un seul mot : SAVOIR !

Notre problème à l'époque, action qui coûte maintenant une pénalité, c'est que l'on pouvait dans tous nos mouvements dits groupés nous écrouler à tout moment. La parade était de les transformer illico en une mêlée ouverte, quasiment structurée comme une mêlée ordonnée, de laquelle, bien sûr on repartait en choisissant la façon dans la palette des possibilités, enchaînant un nouveau mouvement ou une action qui serait plus efficace, pour suite à donner au jeu.

Le but de la manœuvre initiale était de franchir cette ligne imaginaire dite "d'avantage", ce qui une fois fait, nous positionnait dans le dos de l'adversaire. Ensuite en sortie de mouvement on donnait le ballon à la cavalerie légère, nos lignes arrières, qui prenaient le relais, et nous continuions à les suivre en soutien pour une intervention immédiate en cas d'arrêt de course, et jusqu'à l'essai dans le meilleur des cas.

Jouer debout était notre souhait et notre volonté, nous faisions toujours tout pour y rester le plus longtemps possible. C'est complètement l'inverse qui se produit avec ces deux façons de jouer de maintenant. Le porteur du Graal veut tout seul passer d'abord en force cette ligne en rentrant dans l'adversaire d'une façon mal positionnée, c'est-à-dire, soit droit comme une quille, soit plus académiquement en position de percussion, sans même essayer de passer son ballon avant l'impact dans son mouvement. Dans les deux cas le but initial est de jouer seul, et le but final est d'aller au sol. Où est l'esprit altruiste qui doit être la base d'une équipe dans ce principe improductif de tout par le sol ? Et en force ?

Dans un article paru récemment dans un journal spécialisé sur le Rugby - TAMPON- Richard ASTRE résumait on ne peut plus justement la chose en parlant de notre jeu :

« Il n'y a pas plus idiot d'utiliser la force pour la force. Nous, on privilégiait une analyse beaucoup plus scientifique. On décortiquait absolument tout.»

Tout était dit, mon Cher Richard, il n'y avait plus rien à ajouter !

Raoul BARRIERE, a intellectuellement enrichi le Rugby, motivé par une passion fusionnelle avec ce sport. Béziers lui doit énormément, je ne comprends toujours pas pourquoi la F.F.R, s'est passée à grands torts de ses services.

La communication médiatique n'était pas son fort. Il nous a appris la modestie et la simplicité. On ne s'est jamais pris pour des vedettes, même si les victoires et les titres s'enchaînaient, car on savait très bien qu'un jour on pouvait subir une défaite. On croise toujours en sport, une équipe qui, même si elle n'est pas plus forte que la vôtre, dans des circonstances imprévisibles, peut exceptionnellement vous battre.

La construction du Rugby de Raoul BARRIERE est, et restera c'est sûr, légendaire. Comme pour la construction de Filippo BRUNELESCHI, il n'y aura aucun écrit, aucun schéma, aucune trace, aucun croquis, à l'exception de quelques rares extraits d'images ou les copies des finales sans replay, ni ralenti, aux détails invisibles, laissant seulement voir, comme pour le Dôme de Florence, la finition et l'oeuvre aboutie : Les courses et les essais…

Tout ce qui a permis la construction de ce jeu, n'est pas encore tout à fait perdu ! Mais presque ! Les ouvriers de l'édifice sont de moins en moins nombreux, je les compte sur les doigts d'une main. Raoul a été un alchimiste, aux formules secrètes, qui a transformé de simples juniors en Champions de France et ensuite en internationaux, d'ailleurs trop peu sélectionnés à son avis. Et dans sa recherche permanente, n'a-t-il pas trouvé tout simplement "La Vérité". Cette Vérité au service d'un club qui était jalousé et envié par tous, dont la durée d'invincibilité, le nombre de records et de victoires sont uniques et relatés dans **"L'histoire mondiale d'un sport collectif"**[54]. Tous ces records battus en sont la preuve.

Même après le départ de Raoul, comme un énorme tanker qui coupe le moteur et continue à naviguer sur sa lancée[55] et qui glissera sur l'eau encore pendant **quatre** heures[56], l'A.S.B gagnera encore **quatre** titres.[57]

Je ne suis pas un adepte de la numérologie, mais Pythagore, qui était mathématicien, philosophe et astrologue, disait que *« Toute chose peut s'exprimer par un nombre. »*

N'était-ce pas ce que nous faisons, comme l'ont fait et le font encore toutes les équipes sportives du monde pour référencer leurs combinaisons ?

Mais le plus avec Béziers était géométrique, physique, et je peux ajouter, philosophique.

Pourquoi ? Tout simplement parce que dans toutes nos actions, (combinaisons, courses, gestes...) qu'elles fussent collectives ou individuelles, nous tracions inconsciemment, en jouant, par le positionnement de nos membres et nos corps, des courbes, des ellipses, des demi-cercles, des triangles, des parallèles, et toutes autres formes géométriques qui donnaient au porteur du ballon un plus dans son avancée. Il savait que ses partenaires constamment présents pouvaient lui apporter un soutien immédiat par l'enchaînement de mouvements ou se regrouper en un bloc compact comparable à ces tuiles légères disposées en arête de poisson qui de par leurs formes de pose cintrée horizontalement et également penchée verticalement, comme dans la conception de la coupole en devenait l'auto-soutènement et non une charge. Pour nous le ballon pouvait changer de porteur autant de fois qu'il le fallait, en se le

---

[54] Source de l'historien David Wozniak
[55] Pour être précis, sur son ERRE
[56] Données maritimes
[57] Nous avons à nouveau une coïncidence avec les chiffres

passant de façon circonvulatoire dans cette masse fixe ou en mouvement. Cet auto soutien pouvait se dissoudre en s'éclatant pour mieux se disperser et enchaîner d'autres formes d'actions.

Inconsciemment, nous annihilions par ce principe la force de l'adversaire. En clair nous dépensions avec un plus d'efficacité moins d'énergie. Cela se vérifiait dans les fins de parties car nous y marquions pas mal d'essais, on disait de nous : « *Ils jouent plus vite en fin de match !* »

Personnellement je vous réponds : ''Faux !''. Non ! On ne jouait pas plus vite en fin de match, nous étions sur le même rythme, mais ce sont les adversaires qui étaient plus fatigués et défendaient beaucoup moins. A force, en cours de partie, de "Plaquer dans le vide"[58] trop souvent, par lassitude ou découragement en fin de match dans le camp d'en face, beaucoup ne persistaient plus à défendre... pour rien, d'où des failles et des trous qui nous laissaient le champ plus libre.

Si vous regardez les All Blacks, vous constaterez la même chose. Dans le dernier quart d'heure, ils scorent un maximum avec des essais. La raison ?... Il suffit de comprendre leur façon de jouer, celle qui nous a inspirés.

Depuis la création du Rugby, par quel poste commence-t-on en composant une équipe ?... Par la première ligne, les numéros sont 1, 2, 3 Deux piliers 1 et 3 encadrent le talonneur. Ce mot pilier fait penser à un terme de construction, et plus particulièrement au soutènement d'un ouvrage, pouvant porter, supporter, rigidifier la structure d'une construction et ce, depuis la nuit des temps.

Ce nom de « pilier » ainsi que d'autres noms inscrits dans le règlement ont-ils été donnés au hasard par les inventeurs du Rugby ? Je ne le pense pas.

Un certain William WEBB ELLIS, à l'âge de 16 ans, dans la ville de Rugby en Angleterre, inventa ce jeu en novembre

---

[58] Signifie que le ballon était donné avant le plaquage

1823. Puis il partit en 1825 à Oxford pour y étudier la théologie et emmena avec lui la pratique du Rugby. Plus tard il devint pasteur et Franc-maçon et finit sa vie à Menton en France où il y est enterré. En Angleterre, une Loge Maçonnique porte son nom : The William Webb Ellis Lodge N° 9754.

Un nommé Thomas ARNOLD, proviseur du fameux collège de la ville de Rugby, ancien professeur d'histoire et Franc-maçon de grand rayonnement, spécialiste des sciences humaines, en août 1845 avec ses élèves, ils formalisent les 37 premières règles officielles de ce sport, ayant pour objectif d'apporter des réponses concrètes à l'organisation de ce jeu. **Ces règles sont donc la base historique du Rugby.**

Malgré cette formalisation, les équipes n'appliquent pas le même règlement dans leurs confrontations. Alors en 1871 deux Francs-maçons reconnus, Adwin ASH secrétaire du club de Richmond et L.J ATON président des Wimbledon Horvets, pour mettre fin à la cacophonie, réunissent 21 clubs dans le restaurant Le Pall Mall sur Regent street, avec Algernon RUTTER et EC HOLES dirigeants du club de Richmond, **ils décident d'établir un règlement[59] composé de 59 Lois et fondent la R.F.U : La Rugby Football Union.**

Si la Franc-maçonnerie a pour but le perfectionnement de l'humanité, et si le Franc-maçon doit se construire dans sa vie selon ses principes moraux dans la Liberté, l'Egalité et la Fraternité, pour cela il va s'appuyer symboliquement sur les termes de la construction classique. D'où les expressions "Construire l'édifice" ou "Apporter sa pierre à l'édifice". Sachant cela on comprend mieux le pourquoi d'une mêlée, d'une touche, et l'esprit philosophique qu'il y a dans ce sport. Pour les pères fondateurs de ce jeu, la mêlée, la touche et les lignes arrières ont un but bien défini relatif au symbolisme

---

[59] Règlement que les Ecossais appliqueront également ainsi que les autres pays qui par la suite se mettront au Rugby

Maçonnique d'où les noms de postes donnés au joueurs, et leur devoir en fonction de ces postes. On retrouve dans tout cela le vocabulaire et le principe de la construction.

De façon schématique ou physique on s'aperçoit que la mêlée est un bloc certes, mais fait de joueurs imbriqués, telle une structure bâtie en pierre, dont la base du soutènement sont les deux piliers encadrant la porte, le talonneur, par lequel le ballon va passer. Les troisièmes lignes ailes sont les contreventements de la première ligne, donc bloquent latéralement, tandis-que la deuxième ligne cale et épaule également la première ligne. Les deuxièmes lignes, en principe plus grands pour prendre le ballon, sont symboliquement les colonnes qui soutiennent et sont également des poutres ou des longrines qui encaissent une charge en bâtiment. En Rugby ils encaissent la poussée adverse. Le troisième ligne centre, le n°8, exerce cette même fonction, de calage et de rassemblement, tel le poinçon d'une charpente en bois, où, comme dans les édifices en pierre, il en est la clef de voûte. Dans cet enchevêtrement si je puis dire "Ordonné", on retrouve également un peu le style de l'assemblage des constructions antisismiques propres aux Cathédrales ou aux civilisations disparues telles l'Egypte des Pharaons ou celle des Incas.

Avec un peu d'humour, je dirai qu'à certains moments il y avait des tremblements de terre, lorsqu'on pouvait faire reculer les mêlées, au bon temps où l'arbitre ne sifflait pas une pénalité pour les marcheurs... En arrière ! Leur antisismique dans certaines équipes n'était pas encore au point... Tout s'ébranlait...

Vous aurez peut-être un doute sur la relation que j'ai faite entre le Dôme de la Cathédrale de Florence avec ses formes géométriques et sa conception physique, et nos mouvements, qui dans leurs applications amenaient un grand plus que nous ignorions, et je comprendrai que vous ayez des difficultés à l'admettre. Nous-mêmes étions comme Monsieur Jourdain, qui parlait en prose et ne le savait pas.

Si notre prose rugbystique biterroise comprenait ces éléments invisibles que sont la géométrie et la physique, une autre ignorance que j'ai découverte sur L'Internet en cherchant les origines Fédérales de ce sport, c'est qu'il est l'émanation de la Franc-maçonnerie anglaise n'en déplaise aux passionnés de Rugby qui la dénigrent. Le Rugby a donc un fondement philosophique, et tout cela aussi nous l'ignorions.

Coïncidence ou hasard pour que je tombe sur ce Dôme dont le secret de sa construction fut découvert 600 ans plus tard ? Filippo BRUNELLESCHI avait mis 16 ans pour le réaliser et il a fallu 25 années de recherches intensives par les plus éminents experts Italiens et mondiaux pour trouver son secret.

M'intéressant à ce genre de réalisations architecturales, j'ai voulu surtout comprendre ce qu'ils avaient découvert faisant office de vérité. Tout cela n'était pas évident même avec des explications, des schémas, des tracés, et tout un tas de documentaires regardés et de livres lus. J'y ai passé pas mal de temps. Et si j'adore construire de la pierre pour le plaisir, je serai incapable de faire le moindre plan même à une échelle très réduite. Encore moins la simple pose de cordeaux devant déterminer à la fois la courbe ovoïde du Dôme, et les courbes précises sur l'horizontalité des huit entrevoûtes donnant la résistance et l'auto-portance de l'ensemble de 50 à 90 mètres de hauteur. Tout cela on peut le voir sur des documents recréés. Mais de là à poser une seule rangée de briques, à même le sol ? Il y a un gouffre énorme !...

Cette œuvre qui ressemble extérieurement à un gros ballon de Rugby octogonal, avec en plus ses "Huit voûtes ovoïdes" portant 37.000 (Trente sept milles tonnes) le tout monté sans étai, ni coffrage, a été comme une révélation qui dans mon esprit à fusionné avec le Rugby, et en cherchant longuement j'ai trouvé le pourquoi de ce parallèle.

C'est une ressemblance extraordinaire de deux masses aux échelles différentes bien sûr, et exponentiellement opposées. **Le point commun : elles s'auto-supportent. Une est fixe et matérielle mais sa conception nécessite des formes géométriques compliquées à comprendre et à mettre en œuvre. L'autre, la rugbystique, est un rassemblement de masses individuelles mobiles qui dans une chorégraphie aux lignes géométriques orchestrées arrivent à se servir du pouvoir de la force que procure le geste juste pour exécuter et réussir le développement de ses mouvements.**

C'est parce que j'ai eu l'honneur et le privilège d'être au cœur de l'œuvre Biterroise **et surtout à un poste clef, le n°8,** que le lien entre notre jeu et ce Dôme m'est apparu comme une heureuse coïncidence.

Cette comparaison m'est venue à l'esprit après maintes et mûres réflexions, et a abouti a cette conclusion qui est pour moi une évidence. Comme tout le monde n'a pas joué au Rugby dans l'équipe de Béziers pendant ces 25 glorieuses, est-ce que la vérité de cette relation avec le Dôme pourra se démontrer et s'expliquer un jour mathématiquement ? Je l'espère sincèrement. J'aimerais faire partager mon ressenti à ceux qui aimaient le Rugby de la grande épopée Biterroise.

La pensée écrite de Filippo BRUNELLESCHI qui résume ainsi son œuvre, je vous la rappelle « *Cette force n'appartient pas à la nature de sa matière mais émane du pouvoir de sa structure géométrique* » complète ma conviction. Il y a six cent ans il n'avait rien expliqué, mais comme Richard ASTRE, il avait déjà tout dit...

Alors ! Avant que des joueurs de ma génération, je dis bien de ma génération, ayant évolué dans le pack plus particulièrement dans la période 1971 – 1982 en y ajoutant Richard ASTRE, me demandent si j'ai fumé ma descente de lit ou si

A la recherche du Rugby perdu...

Monsieur ALZHEIMER a envahi mes neurones, **je leur conseille d'abord de se remémorer nos mouvements au détail près**, puis de s'intéresser à cette construction du Dôme, comme je l'ai fait, ensuite on en discutera...

Pour appuyer la théorie que j'avance, voici un exemple concret, que ceux qui ont connu le début de la mise en place de **l'atelier des pneus**, ne pourront réfuter.

Qu'ils se rappellent de la première fois où nous avons inauguré ce poste de travail, le principe matériel était le suivant : Un couloir d'une longueur d'une vingtaine de mètres environ, formé par des poutres en bois de fortes dimensions, plantées face à face espacées d'une largeur de 2 pneus et sur la longueur entre 3 et 4 mètres environ. Les pneus était fixés par des platines, vissés par tirefonds à environ 1,20 et 1,50 mètres du sol. Cela ressemblait à des piliers supportant des portes d'entrées de saloon... En courant il fallait les passer... Plutôt les transpercer !

Premiers essais, premières surprises ! On fonce !... On ne passe pas !... On se coince !... On se dit qu'il est impossible, sans se tortiller, se gondoler, ou s'aider en poussant les pneus avec les mains, de les franchir. Nos corps n'ont aucun style et quand on y arrivait en jouant des coudes cela ressemblait au système débrouille. Puis à force d'essayer, et de réessayer, au bout de quelques séances, enfin on y arrive... Puis on tombe même dans le facile. Alors pour compliquer un peu la chose on essaye avec le ballon. Quelle horreur ! Un vrai cauchemar, le ballon que l'on tient coincé sous un bras fait comme une savonnette mouillée quand on l'a dans sa main et qu'on la serre, notre ballon-savonnette cuir, pourtant non ciré, à l'impact monte à 1 mètre devant nous, on n'arrive pas à le contrôler. Au bout de quelques autres entraînements, deuxième miracle, on passe les pneus avec le ballon.. Puis plus facilement, et cela en arrive à devenir banal. Alors pour compliquer, entre les portes, sur la longueur, sont postés sur le côté à tour de rôle des partenaires, en retrait de ces piliers en bois et nous faisons des alternances de passes, un coup on donne le ballon et à la porte d'après on le reçoit ; En phase réception on a moins de temps pour se préparer à franchir les prochains pneus. Au début on cafouille un peu, puis on y arrive !... Puis on va plus vite !... Puis on va encore plus vite, et puis c'est tellement naturel que cela devient très rapide et trop facile... Ouf ! On est heureux, d'y être parvenus. Courte joie, avec humour Raoul a dû dire : « Les pneus sont usés !» et quelqu'un à dû répondre : « Mais Raoul on n'a pas roulé avec !». Si ces réflexions sortent un peu de mon imagination, ce qui fut bien réel c'est qu'il les a fait doubler !... Plus de percussion pneumatique tourisme, on passe aux roues jumelées, c'est devenu du camionnage, du lourd !...

Pour faire court, au bout d'un certain temps on y arrivera aussi facilement. Heureusement que les poutres n'étaient pas plus épaisses, il en aurait fait mettre une troisième couche !...

Que s'est-il passé entre le début où nous étions nuls, et la fin où l'on faisait cela tout naturellement ?...

Les poteaux étaient les mêmes, les pneus également et devinrent plus nombreux, les ballons n'avaient pas changé, les joueurs étaient toujours ceux de Béziers ! Alors si tout cela était identique quel en était le... miracle ? Tout simplement on avait fait adopter à notre corps des positions et à nos membres d'autres gestuelles pour y arriver. Cela nous évitera en cours de matchs de tomber des ballons sur nos percussions, ou sur des plaquages adverses. Avec nos premières positions de mains et nos passages en force complètement dégingandés nos mouvements étaient totalement inadaptés. En les travaillant, avec le temps, nous avons trouvé la gestuelle adéquate pour tenir le ballon plus fermement, et nous avons trouvé la justesse du positionnement corporel, qui, devenu plus stylé, donc géométrique, nous donna un avantage sans que nous en ayons aucunement conscience.

Ces obligatoires positionnements, pour franchir, que nous avions trouvés, devenus naturels, nous octroyaient une force supplémentaire pour réussir l'exercice, il nous procurait par le geste juste une force, comme l'avait défini Filippo BRUNELLESCHI : « La force émanait du pouvoir de ses formes géométriques ». Et nos formes géométriques avaient également un autre secret, celui d'annihiler la résistance des pneus ou dans le jeu celle des adversaires.

En match, je suppose que nos impacts faisaient plus mal, et les défenseurs devaient contre nous, certainement souffrir un peu plus. Tous ces mouvements individuels peaufinés, s'intégraient dans notre collectif. En match, on ne voyait des tribunes qu'un spectacle global : Des passes entre les avants déboulant sur le terrain qui une fois lancés paraissaient inarrêtables, et pour cause ? Car on avait également l'habitude entre deux « portes-pneus » de donner ou de recevoir le ballon. En match, même si l'on était plaqué, dans le tempo le ballon avait déjà changé de partenaire. Le Seul problème avec les « Adversaires » c'est qu'ils avaient ce que n'avaient pas nos portes-pneus… des bras et des mains. Il fallait faire attention à ne pas se faire intercepter ou se faire tomber la balle. Rien ne nous empêchait d'avoir des inspirations individuelles, comme des crochets, des mouvements individuels en pivot ou des feintes de passes, mais à une condition… De les réussir sans tomber le ballon..

Tous nos mouvements et nos gestes avaient la juste position, c'est pour cela que nos combinaisons et nos mouvements étaient performants. Pour ceux qui plus tard surent leurs noms c'était bien, s'ils connurent leur schéma c'était mieux, et les pratiquer avec le tempo et la gestuelle juste et parfaite c'était excellent. Le Savoir du quand le faire et pourquoi le faire, étaient les variables. Tout le jeu de Béziers peut se résumer ainsi dans ce paragraphe, cela paraît simple, aussi simple que l'œuf que l'on fait tenir sur une plaque de marbre comme le fit BRUNELLESCHI... Il fallait y penser.

Raoul BARRIERE avait le Savoir, la Connaissance et la Passion. Ces trois mots lui octroient le qualificatif de "Génie". Et dans le génie de l'homme n'y a t-il pas également un plus ? Un brin de souffle Divin ? Je ne parle ni de croyance, ni de religion, ni d'un Dieu, simplement d'une "force" impalpable qui aide à réaliser l'œuvre entreprise.

Si Raoul avait cette sensation profonde d'être en symbiose et en parfaite harmonie avec ce qu'il accomplissait, c'est que tout simplement, dans son domaine, il avait trouvé la Vérité. Et tout cela s'est vérifié aisément par toutes les victoires et les titres qu'il a donnés au club.

En conclusion : Le vieux jeu gagnant de l'A.S.B intéresse-t-il l'A.S.B.H ?

Le club a la chance d'être assis sur un trésor qui est encore en mémoire dans quelques têtes. Après tant d'années passées à chercher à être au meilleur niveau sans y parvenir et sans remporter aucun titre honorifique, ne serait-il pas encore temps de faire un ultime investissement. Un investissement peu coûteux qui rapporterait, vu les fréquences des entraînements actuels et ce dans un délai minimum de deux à trois ans tout au plus, cette "Vérité Perdue" que tous les clubs cherchent à obtenir en vain... Et que Raoul avait trouvée ! Comment être au top ? Comment avoir des victoires ?

Je ne suis ni un Président, ni un entraîneur, ni un sponsor, ni un mécène, ni un politique pour pouvoir influer sur des choix futurs. Je n'ai donc peut-être pas mon mot à dire, mais à mon âge je peux me permettre de vous soumettre une idée :

Sans aller pêcher les perles rares au fin fond de grosses coquilles d'huîtres dans les océans de la planète, sélectionnez tout simplement des juniors régionaux, en les faisant s'engager dans le club, **pour une très, très longue durée, et faites leur apprendre sans relâche la vérité, rien que la vérité, toute la vérité !... Que vous ressortirez exceptionnellement des cartons que vous avez oubliés !** Et Béziers un jour, renaîtra tout simplement de ses cendres.

L'histoire n'est-elle pas un éternel recommencement ? Deux fois la recette a déjà marché, alors pensez au proverbe ! Une troisième fois, dans le contexte du Rugby Français actuel serait largement faisable, et utile, il y a une large place.

Dans mon récit j'ai souvent utilisé très humblement l'expression « Je ne sais pas » ou mis des points d'interrogations à la fin de phrases. Mais pour ce que je viens de proposer je dis tout simplement : « Je sais que cela marchera. »

Mais le temps presse !

Par contre quand tout le savoir sera perdu ou que vous verrez du Béziers joué par d'autres, et cela commence déjà à arriver, mais heureusement très rarement, plus personne ne pourra dire ce jour-là : « On ne savait pas qu'il y avait un trésor dans notre club et une façon bien spécifique de jouer ! »

Après 600 ans de recherches stériles, il fallut 25 ans et fabriquer un modèle réduit pour un très grand architecte Italien afin de retrouver le principe de l'œuvre de BRUNELLESCHI. Cela fait trente neuf ans que la construction de l'œuvre Biterroise s'est arrêtée, il est encore temps de ressortir les plans pour continuer à la construire, en commençant par le modèle réduit : Les jeunes. Et surtout n'hésitez pas à en prendre un qui fait dans le premier match de sa vie, une passe à l'adversaire... Celui-là il ne peut que progresser ! Misez même sur lui. Le jeu vérité que vous lui apprendrez fera le reste.

Je vous ai parlé au début de ce livre de cette petite chapelle située en haut du mont Saint-Clair à Sète et sans doute révélé que Dédé et moi étions nés le jour de la fête célébrant le centenaire de ce lieu de culte dédié à Notre Dame de la Salette.

Elle est extraordinaire car à voir le nombre d'ex-voto recouvrant complètement ses murs de remerciements, on ne peut pas réfuter le fait, même si l'on n'est pas croyant, qu'une chose indicible se passe quand les gens vont demander à la vierge une faveur, et qu'ils la remercient. Personnellement, dès ma première finale je suis allé mettre tout simplement un luminion et j'ai renouvelé le geste pour les quatre autres...

Je pense que dans quelques temps je vais aller en mettre un sixième... Car à présent comme dans la série[60] tournée à Sète je vous dis : « Le Rugby de demain vous appartient »

Achevé d'écrire le 28 février 2019

---

[60] Demain nous appartient

A la recherche du Rugby perdu...

Photo Jean Cans (Photofox Béziers)

Saison 71/72

De gauche à droite :
Debout :
Y.Buonomo, A.Buonomo, Saisset, Martin, Mas, E.Vaquerin, A.Vaquerin, Senal, Estève

Accroupis :
Lavagne, Navaro, Cantoni, Astre, Cabrol, Sarda, Séguier, Lubrano

BONUS

Pour l'écriture, l'Alexandrin a ma préférence. Ce texte qui suit sur le Rugby créé en 2008, expliquait le jeu de Béziers, dont je voulais déjà laisser une trace.

Onze ans plus tard il est toujours pour moi une vérité, il m'a même servi de mémoire pour écrire mon livre… Il faisait partie de mon jardin secret, mais pour récompenser votre patience d'être parvenu à lire ma prose, je vous le dédie en toute sportivité.

LE RUGBY

Dès que nous arrivions dans ces temples en plein air,
On nous menait d'abord dans un sombre vestiaire,
Accrochions nos décors qu'avaient vêtus nos pairs,
Maillots sacrés du club, aux gloires et lumières.

Et puis ! Nous restions là !… Attendant le moment !
Où l'on se changerait pour la cérémonie,
Rires et plaisanteries occupaient ces instants,
Vestiaire lieu commun sans secret, ni magie.

Sans qu'on sache pourquoi ? Dans ces bien sombres places,
Aux sièges un peu bancals, aux sols mal cimentés,
Plus l'heure approchait… Le bruit faisait silence !
Avec recueillement on se déshabillait.

A la recherche du Rugby perdu...

Jambes et épaules nus, dépouillés du costume,
Qui harmonise l'équipe dans ses déplacements,
Nous voilà à présent respectant la coutume,
Du ni nu, ni vêtu, mais en sous-vêtement.

Un silence pesant enrobe notre espace
"Syndrome ERICSONIEN", et s'arrête le temps
Et commence alors son plus grand face à face,
Où l'homme y rencontre, l'autre Homme Rugbyman.

Cette transmutation du Moi avec Soi-même,
Doit vaincre la passion pour être au-dessus,
Des valeurs dont l'esprit, dans sa force suprême,
Transforme en Gentleman, ce garçon de la rue.

Il naît dans notre corps une profondeur d'âme,
Quinze ne feront qu'un par nos fondamentaux,
Qualités de chacun bâtissant une trame,
Où le rôle tenu doit être sans défaut.

Complémentarité car les postes diffèrent.
Le physique des forts employé à pousser,
Longilignes et géants s'entraident à sauter,
Les rapides et vifs en attente derrière.

Pour guider les joueurs depuis ce noir vestiaire
Vers le champ liberté, et son tapis bien vert,
Le chemin emprunté de l'ombre à la lumière,
Est un tunnel qui mène dans le temple ouvert.

Le temple est donc vert ! Le carré est donc long !
En son centre on pose un drôle de ballon,
Ovale pour les uns, pour d'autres, ellipsoïde
Et le coup de sifflet, nous lâche enfin les brides.

Un regard vers les cieux, et soudain tout s'éclaire !
Et le ballon parcourt un bout de firmament,
Deux bras montent plus haut, l'homme n'est plus sur terre,
Cette bizarre étoile, il la cueille en sautant.

L'homme s'est élevé, sans chute, sans faiblesse
La conquête est belle, son cœur est plein d'allant
Des mains l'ont soutenu, avec force et sagesse,
Un secours opportun, au critique moment.

Par ce rituel le dimanche à quinze heures
Dans l'ombre et la lumière partagée dans le champ,
Là, la joute commence, entre le noir, le blanc,
Jusqu'au sifflet final où quinze espoirs se meurent.

On construit un match comme on construit l'Homme
D'abord tester la force par le jeu des mêlées
Dans la **règle**[61] et l'esprit qui en sont les vrais dogmes
Dont la solide base pose sur deux piliers.

Ils soutiennent bien fort une **porte humaine**[62],
Qui par le seul talon de leur troisième pied
Aura ce grand devoir, d'une façon soudaine,
Récupéré l'outil, ce symbolique objet.

Pourraient-ils à **eux trois**[63], fondation d'édifice,
Sans la poussée **de ceux**[64] qu'ils aident à sauter
Contenir la pression même avec sacrifice,
D'une force contraire qui leur est opposée.

---

[61] Le règlement
[62] Le talonneur
[63] Les deux piliers + le talonneur
[64] Les deuxièmes lignes

A la recherche du Rugby perdu...

Deux colonnes[65] calent ces trois blocs en pierre
Qui à leur tour reçoivent tel la voûte, sa **clef**[66],
Qui par sa position, se doit donc d'étayer,
Avec ses deux **flanckers**[67], la mobile matière.

La masse composée, sans aucune faiblesse
Les huit ne faisant qu'un, et dans un même élan,
S'arc-boutent tous ensemble avec une justesse
Quand le ballon est mis dans l'axe médian.

Les pieds sont importants car leurs pas sont précis,
Il faut les déplacer de façon cohérente
Juxtaposés, croisés, ils seraient ineptie,
La force exercée ne serait qu'impuissante.

La poussée du plus fort donne raison au geste
Le ballon est gagné en parfaite harmonie,
L'enterrer[68] à présent serait un peu funeste
Il faut que par le jeu il puisse prendre vie.

Tactiques combinées, une à une s'enchaînent
Esotériques mots choisis fort sciemment
Seuls les initiés de ces termes comprennent
Le juste et le pourquoi de ces commandements.

Je vous livre ce soir ces quelques mots mystères,
Retenez bien ces noms, car vous aurez la clef
Et en leur ajoutant beaucoup de savoir-faire,
Vous pourrez approcher près de la vérité.

---

[65] Les deux deuxièmes lignes
[66] Le troisième ligne centre
[67] Troisièmes lignes ailes
[68] Terme rubystique signifiant perdre

La rouge, ou la bleue, on marque, la Bontemps,
Touches raccourcies à trois, quatre, ou cinq
Groupé ou déployé, inversé, même sens
Les "Sping", "Marcoff", "Maulos" toutes les quatre-vingt

Je pourrai vous citer bien d'autres clefs de codes,
Cela ne servirait absolument à rien,
Sinon que d'emmêler, on ne peut plus les cordes,
Du plus pur supporter, l'ovale épicurien.

Mais, que nous cachent donc ces mots mystérieux ?
Ils disent simplement : Harmonie par le geste !
Un langage secret qu'initiés heureux,
A cet instant précis se remémorent en tête.

La touche est le sommet d'un morceau d'édifice
Dont seul **l'habile faîte**[69] en ce lieu élevé,
Tel un astre traçant un arc à son solstice,
Réceptionne l'outil, à cet endroit lancé.

Et l'ouverte mêlée qui, au départ **informe**[70],
Au nom de spontanée, le désordre parfait,
Se construit en un bloc, s'inverse alors la norme
Le poste habituel vous est substitué.

Il nous appartient donc, pour compléter l'ouvrage
De prendre à notre tour les places inoccupées,
Complémentarité, cela devient l'adage,
Et forme en cet instant l'édifice parfait.

---

[69] L'Habile sauteur
[70] Mêlée ouverte

A la recherche du Rugby perdu...

Le ballon est sorti d'une mêlée ou touche,
Le détenteur le serre habilement des mains,
Il s'interdit alors que quelqu'un ne le couche
Et doit rester debout pour atteindre le point.

Ce point est bien précis, chaque directive,
Fixe un objectif par le commandement,
Quelle que en soit l'action, dans chaque mouvement,
Avant l'impact fatal, on doit offrir l'ogive.

Par ces enchaînements ainsi se perpétue,
Un esprit collectif où le Moi joue pour l'autre,
Abstraite application de toutes les vertus,
Qui transforme le JE en un mot qui est NOTRE..

Les vertus de justice, force, et prudence
Le courage sincère avec la probité,
Par la force de l'âme avec la tempérance,
Fondent un autre mot, qu'on appelle "Fair-play"

Compréhension d'autrui - Parole et gestuelle
Sont lecture du jeu pour le replacement.
Toujours là, en soutien, l'invisible ficelle,
En relie le porteur au chevalier servant.

Chevalier ou soldat chacun à tour de rôle,
Par l'esprit collectif qui est toujours partagé,
Recevoir ou donner, un seul et même pôle
C'est la passe sincère de la fraternité.

Ces charges répétées, ces courses chevaleresques,
Dans ces grands temples verts, dans ces carrés bien longs,
N'ont qu'un but défini qui paraît ubuesque,
Faire franchir la ligne au drôle de ballon.

Il arrive alors, qu'involontairement !
Une main, un poing, ou un pied quelquefois
Dans ces élans d'ardeur, rencontrent ardemment
Un joueur égaré qui serait **hors la Loi**[71].

Vicaire du Rugby, l'abbé PISTRE confirme,
Et tous les bons chrétiens doivent le concevoir,
Affirmait : Qu'il *"vaut mieux donner que recevoir"*[72]
Ce curé passionné, n'était pas un infirme !

Un en difficulté ! Quatorze solidaires,
Réflexe collectif, prêts à sortir l'épée
Toujours dans le respect pour les quinze adversaires
"En rendant au centuple ce qu'il nous a donné"[73]

Oui ! Nous savions donner, lorsque l'injustice
Est le vil sentiment de cette iniquité,
Surtout quand les auteurs le font avec malice,
A longueur de partie, sans être sanctionnés.

Ces contacts appuyés de ces duels permis
Laisseraient supposer des excessives joutes.
Mais il s'agit là que d'un trop plein d'énergie
"Notre sportivité n'est jamais mise en doute"

Mais la ligne citée au plus haut de ces pages,
N'est pas en premier temps l'en-but tant recherché
C'est la ligne invisible, la ligne d'avantage,
Qui de nos adversaires est derrière leurs pieds.

---

[71] Hors jeu
[72] Histoire vraie du monde du Rugby
[73] Histoire vraie du monde du Rugby

A la recherche du Rugby perdu...

Ligne d'horizon toujours imaginaire,
Au-delà de laquelle il y a : "La vérité"
La franchir, c'est montrer, à tous ces adversaires,
Qu'on a compris leur jeu, qu'on a trouvé la clef.

Large espace conquis desserrant les étreintes,
L'on y ressent toujours par l'explosion du jeu,
Toute la liberté où presque sans contrainte,
C'est d'aller à l'essai, **avec Lui, avec Eux**[74].

Jusqu'au sifflet final, pourtant rien n'est acquis,
Il faut à chaque instant se remettre à l'ouvrage,
Sans ne jamais fléchir, n'y manquer de courage,
Un travail permanent, une quête infinie.

Participer au match est une récompense,
La mériter se doit, au travail permanent,
Isolé des regards de ces foules intenses,
Par la tâche obscure, qui est l'entraînement.

Atelier de travail ! Tel en est le vrai terme,
Où nous nous regroupons par spécificité
Et nos fondamentaux, redeviennent le thème,
Qu'on peaufine sans cesse, pour toujours progresser.

Ces bases ressassées, simples mais spéciales,
Dont chacun fait l'apport de toute qualité,
Amalgamant les dons de ces valeurs innées,
L'ensemble ne fait qu'un : L'équipe idéale.

---

[74] Ses partenaires

Gloire donc au travail ! Le travail fait la gloire,
Car au tréfonds de nous, rien qu'une conviction
D'accomplir son devoir sans se lasser d'y croire
Le salaire n'est que : "L'autosatisfaction".

Si gagner le Brennus, ô ! Victoire suprême
Est pour le Rugbyman l'acte le plus sacré,
L'exemple et le devoir, se devront d'être extrêmes,
Le titre ne fait pas, toujours l'homme parfait.

Seul par l'état d'esprit s'acquiert cette noblesse.
Par le sacre du sabre, insuffle- t-on la foi ?
Ce combat acharné n'admet pas de faiblesse
Et de simples guerriers, ont la grandeur de Rois.

Il nous est arrivé en ces soirs de victoires
Quand on levait bien haut le bouclier doré,
De rêver éveillé à l'éternelle gloire,
Croyant être invincible pour une éternité.

Les lauriers qu'on reçoit en guise de couronne,
Les éphémères mots, les posters, les clichés
Deviennent naturels, et plus rien nous étonne
D'être en ces instants presque immortalisés.

Mais lorsqu'on a perdu ! Quelle qu'en soit la manière !
C'est savoir tolérer qu'en face ils soient meilleurs,
Et l'on souhaite vraiment que cette équipe fière,
De la compétition soit le prochain vainqueur.

S'il y a forcément une équipe défaite
Beaucoup de nostalgie, et bien plus de regrets,
Ces cœurs là voudraient bien ne point faire la fête,
Mais le vainqueur fait preuve de son humanité.

A la recherche du Rugby perdu...

Victoire, défaite, les deux termes sont nôtres
Car il y a un plus, dans ces moments précis,
C'est que l'on boit toujours à la santé de l'autre,
Et personne au repas n'en perd son appétit.

Tout cela se passait il y a quelques décades
L'argent en ce temps-là, c'était du hors sujet.
Nous laissions ce métal à la porte des stades,
Jouions pour la patrie, ou l'honneur du clocher.

Il arrive souvent le dimanche à quinze heures
Que des âmes sportives tel un tas de curieux,
Viennent se rassembler, sur ces vielles demeures,
Ces temples aux terrains verts, juste en dessous des cieux.

De là-haut[75] Pierre, Joseph, André, Jean, Armand
Francis, Paul, et Bernard, Jacques et tous les d'autres,
Savourent une croisée, ou un débordement,
Eternelles images inspirant tant d'autres.

Mais les cieux quelques fois se chargent de nuages,
Insaisissable rose, ou chardon trop piquant,
Et malgré le vouloir, et malgré le courage,
Le coq ne chante plus dans ces sales instants.

Alors ! En ces moments, quelques âmes chauvines,
Encourageant les leurs dans cet immense bruit,
Leur adressent en silence, une pensée divine,
Et il nous semble entendre "Allez- les petits"

---

[75] Ecrit en 2008, j'ai changé les prénoms préalablement marqués par ceux de ma génération qui sont malheureusement décédés entre temps. Avec une grande pensée pour tous mes coéquipiers disparus de l'ASB

Yvan Buonomo

Maillots ou bien décors, fondamentaux ou rites
Que l'on dise amitié, en un mot le Rugby
Webbs Elis[76], Anderson[77] ont su créer un mythe
Où l'on ne participe qu'avec un noble esprit.

Webbs Elis, Anderson observant notre terre,
Ont vu que les humains sans cesse s'affrontaient
Et pacifiquement, mais ! De façon guerrière,
Ils les firent opposer pour mieux les rapprocher.

Webbs Elis, Anderson, ont compris que les hommes
Sont toujours en recherche, d'un idéal, d'un Dieu,
Par leur philosophie ils les aident en somme
A nous ouvrir la porte, Des stades !... Et des cieux !...

Yvan Buonomo
(Décembre 2008)

---

[76] Inventeur du Rugby
[77] Pasteur humaniste Anglais

A la recherche du Rugby perdu...

Yvan Buonomo

Après-propos

En automne 2012 et 2013, à La Salvetat-sur-Agout, ce village où je vais m'oxygéner, avec Jean-Louis KALTENBACHER et Michel RIEU, ancien arbitre de surcroit, tous deux passionnés de Rugby, nous avons organisé pendant deux week-end la venue de la mythique équipe de Béziers toutes générations de Champions de France confondues. Pour cette occasion, nous fîmes chaque fois une rencontre amicale contre une équipe de « jeunes vétérans » encore en activité, celle de Béziers du bar « La Fraîcheur » et, l'année suivante, celle de Valras-Plage de Michel FABRE, avec un mélange de jeunes joueurs du club Salvetois. Nombre de champions invités furent présents et beaucoup jouèrent.
A nos âges était-ce bien raisonnable ?
Nous avions convenu de faire un match « à toucher » contre des adversaires toujours en activité rugbystique, mais au bout de quelques minutes, nos automatismes ressuscitant... Nous plaquions !... sous l'oeil avisé et réjoui de Raoul qui ne rata pas une seule phase de match.
Je réalise aujourd'hui que pour lui ce fut la dernière fois où il vit évoluer SON équipe. Et que pour nous, ce furent nos dernières 89, Spings, Marcoffs et toute la panoplie du récital qui découragea encore nos adversaires, sous l'oeil surpris et enchanté d'un des Présidents de l'A.S.B.H, Cédric BISTUÉ, en short et crampons, que nous avions pris avec nous dans l'équipe.
Raoul BARRIÈRE et Jeanine son épouse, me demandaient chaque fois qu'on se voyait à Béziers si je comptais refaire un week-end de fête rugbystique. Séduits, ils y avaient pris goût et

ils avaient passé, les deux fois, avec ces retrouvailles automnales, un magnifique et magique moment.

J'avoue que je n'ai pas eu le courage de continuer à faire perdurer l'événement. Aujourd'hui je le regrette. Mais il fallait mettre à nouveau à contribution tous ceux qui nous aidaient pour chaque manifestation, et plus particulièrement : La Mairie, le Conseil Général, des bénévoles et notamment Florence GOUR pour le secrétariat et l'intendance hôtelière, des commerçants, dont Pascale PENARROYAS, la buraliste (Championne de France de Rugby Féminin) et surtout l'hôtel de la Plage de Martine et Jean-René PONS, deux supers fans passionnés, qui logèrent une partie des joueurs avec leurs épouses et s'occupèrent des banquets d'après match, avec spectacle.

A tous les présents de ces deux grands moments, à tous les anciens joueurs et à tous ceux qui nous ont aidés à réaliser cette manifestation, puisque l'occasion m'en est donnée aujourd'hui par la rédaction et la publication de ce livre, je tenais à leur réitérer mes très sincères remerciements. Qu'ils sachent que les derniers souvenirs rugbystiques et le dernier coup de sifflet que nous entendîmes sur une pelouse en tant que joueur furent sur le terrain de La SALVETAT.

Ce dernier épisode fait partie maintenant de la légendaire histoire de l'A.S Béziers...

Y.B

Bibliographie

Ont été utilisés :
Le mémoire sur l'A.S.B de l'historien David Wozniak
La Franc-Maçonnerie et le Rugby de Frédéric Bonnet

L'article consacré à la Cathédrale Santa Maria del Fiore
(Agora Erasmus.be - Wikipédia)

A la recherche du Rugby perdu...

Remerciements à :

Gilles Bessières, André Buonomo, Jean Cans, Cécilia et Anne-Marie Lasne, André Lubrano et David Wozniak

*

Profonde pensée pour mes coéquipiers disparus :

Paul Dedieu, Bob Raynal, François Ramada, Jean Arnal, Jean Sarda, Armand Vaquerin, Pierre Lacans, Joseph Navaro, Jacques Cantoni, Bernard Tessier, Fabrice Joguet, Louis Gagnière, Christian Prax

et pour mes entraîneurs

De Sète : Jean Ribere
Et ceux de Béziers : Félix Lacrampe, Raymond Barthès et Raoul Barrière

Table des matières

Préface .... Page 05
Avant-Propos .... Page 07

1 - Du Football au Rugby   .... Page 09

2 – Trente huit ans plus tard .... Page 21

3 – Raymond Barthès
      La mise en place d'un nouveau jeu .... Page 41

4 – La continuité avec Pierre Danos .... Page 51

5 – Raoul Barrière
      Amélioration et Perfectionnement .... Page 67

6 – Raoul Barrière et Jean Sarda   .... Page 81

7 – Le temps de l'incompréhension .... Page 117

8 – Tout était devant nos yeux   .... Page 129

9 – Le Secret de Filippo Brunelleschi   .... Page 145

Bonus .... Page 171
Après-Propos .... Page 183
Bibliographie .... Page 185
Remerciements   .... Page 186
Table des matières   .... Page 187

A la recherche du Rugby perdu...

Ce livre a été imprimé en numérique à la demande pour la première fois par Lulu Enterprise, 3101 Hillsborough Street
Raleigh, NC 27607
United States

*

Edition de la Mouette, 41 rue des lauriers-roses 34200 Sète
(France)

editiondelamouette@free.fr

Retrouvez le catalogue et les auteurs sur :
www.editiondelamouette.com

N° ISBN : 978-2-917250-89-1

© Edition de la Mouette
(2019)

www.ingramcontent.com/pod-product-compliance
Lightning Source LLC
Chambersburg PA
CBHW071710090426
42738CB00009B/1729